大是文化

斷念の練習

あきらめる練習

斷念，不是單純放棄，而是願你盡力。
勉強不來的事學會不在意，生活才得以繼續積極。

日本最會說故事的和尚
真言宗密藏院住持
名取芳彥 ◎著　　賴詩韻 ◎譯

目錄

第一章

斷念，是入世的實踐，不是出世的哲學

第二章

放下，很難；轉念，就不難了

第三章

無壞不顯好，這就是人生

第四章

一加一只會等於二，這就是斷念

第五章

人生沒有排練，一上場就是真實演出

推薦序一

斷念，其實就是「轉念」

作家、臨床心理師／游乾桂

有些念想，現在做不到，不代表未來不會做到，重點是有無早一刻撒下那粒美好的種子，這是我的習佛心得，也是日本最會說故事的出家人名取芳彥，在他的作品《斷念の練習》中給出的貼心叮嚀。

大是文化邀我為這本好書為文作序，我點頭答應後多日晃悠拜讀，被它深深吸引，順道爬梳了自己的習佛往事。

那是年少的記憶了，大姊與老家附近的明光寺住持相熟，大學聯考前兩年，我便住進寺中，青燈古佛相伴，意外埋下一粒「佛種子」。我是心理系學生，卻出入哲學系，修習佛學概論、中觀哲學、佛教經論等課程，在「懷疑論」的哲學裡，窺探「實踐論」的佛學。這樣美好的經驗，在《斷念の練習》一書裡處處可見，止息痛苦與離苦得樂因而有了火花。

人生本質究竟是「無壞不顯好」，壞事可能占了十之八九，離苦得樂的方式是「修行」，一直以為自己走噩運、被陷害，起瞋恨心，如果未有轉念，好事便遙遙無期。反之，懂得無壞不顯好，理悟：沒有壞人，就看不出好人的好；沒有苦難，就很難看見菩提，明白轉身可能會有陽光。

《斷念の練習》一書是我對佛學理解的美好印證，**它不是出世的哲學，而是入世的實踐，看破、放下、隨緣與自在是人生四大功課**。

看破的意思並非看空，而是「知道」、「了然」一切，明白生老病死、成住壞空都是歷程，金錢就不會只是錢，而是一種通往美好日子的媒介而已，財富便不會是枷鎖，投資大師巴菲特是這樣想的：工作賺錢是成就，用錢助人是慈悲。「看破」在此應該解讀成「看懂」或「看清」，理解金錢的本質，得到的會是真正的快樂。

「放下」，難呀！是啊，全放下當然難，但若轉念只放一下就不難了。放下其實無所不在，杯子裝滿想再裝水，必須先喝光，這就是放下。不安的執念「放」生了，才可能安頓內心。

「隨緣」最好，它的對應是勉強。人生有太多自設的勉強，比收入、比排名、比成就、比容貌、比房車……彷彿造了一粒自己搬不動的石頭。凡事太過強求，就會起煩惱心，那便是攀緣了。與其煩惱明天，不如隨順因緣的活好當下。

人生，最終求一個「自在」，但自在不是一開始就凡事通達，而是做出該年紀的安心法，一如孔子所言：三十而立，四十不惑，五十知天命，六十耳順，七十從心所欲不逾矩。

人生長路最好慢行，保持規律的速率，無求便是安心法。即使三千繁華，亦不過彈指一剎那，百年雲煙過後，都是一抔黃沙。

不爭就是慈悲，不辯就是智慧，不貪就是布施，斷惡就是行善，改過就是懺悔，謙卑就是禮佛，守禮就是持戒，原諒就是解脫，知足便是放下，利人就是利己。懂得一加一只等於二，就是自在。

這本《斷念の練習》給我很多心靈活泉，我猜同樣也能惠賜給你，樂以為文推薦。

推薦序二

想斷煩惱，先學「斷念」

慈濟大學宗教與人文研究所教授兼所長／林建德

在佛教的修行中，「心念」無疑是最重要的。有什麼樣的心念，即會產生什麼樣的行為，行為成為習慣，久而久之形成業力習氣，形塑一個人的人格特質，甚至有一說「起心動念無非是業、無非是罪」。因此，佛法修學所重，即是心意識的覺知與觀照。

修行佛法有三種道路：「人天道」重視福德因緣的累積，從利他、助人中增長善業，因此「善念」是重要的；「解脫道」則強調四念住（按：指身體、感受、心理、思想四面向）的止觀修行，近來風行的「正念」法門，即是透過對四念住的覺察，深化身心的智慧洞察，進而遠離貪、瞋、痴等煩惱；「菩薩道」邁向自利利他、自覺覺他的圓滿成佛，善念與正念更往上、往前開展，故大乘佛法裡便有「無念」之說。無念是「於念而無念」，隨任何念頭的升起與消失，既不執著、也不強求，即便是善念和正念亦然，再無二元的對立分別。

善念、正念與無念，大致相應與人天、聲聞（按：即「解脫道」）與菩薩的修行心法；然而，於此三者之外，本書所說的「斷念」亦是一絕，實可謂「斷念即解脫」，猶似禪宗所言的「歇即菩提」（按：放下心中的煩惱，就可察覺自己的真實面目）。

人之所以有煩惱，乃因心有牽繫，看不破、放不下、捨不得等，如此「懸念」，使人一步一步走向痛苦的深淵；如何臨崖勒馬、回頭是岸，就要在病痛起處勇猛奮躍，不生起此等心、不復作此等人。簡言之，**要「斷煩惱」必須先「斷念」**，本書的要旨即在告訴人如何斷念；其實**斷念亦是「轉念」，轉向善念、正念，乃至於無念**。

斷念的人生修練是重要的。佛教「十二因緣」從無明為始，一個牽引著一個，不斷接續生命的苦痛；相對的，只要從中截斷，生死苦痛的流轉就此結束，即可能終結無止境的輪迴。

此外，從斷念而至斷煩惱，象徵一種決絕的勇氣與信心，斷然且毅然決然，在生命旅途上做一個堅強的勇者。

「放下」需要勇猛無畏，在人生諸多時刻，倘若執著太深，煩惱勢必粗重！斷念象徵一種「離執力」——遠離「執念」的能力，此亦為一種心靈的力量，邇來逐漸盛行的「斷捨離」，可謂是斷念的實踐，值得吾人深思和推廣。

很欣悅大是文化出版一本關於斷念練習的書。本書指出「放棄」其實是看清真相，「斷念」就是心靈的大掃除；相對的，執著是不安、焦慮、憤怒等負面情緒的源頭，想太多、愛比較，著實讓人日子難過。綜括言之，**活在當下——不懊悔過去、不煩憂未來，才是人生的幸福之道**。

全書雖諄諄教誨卻平易近人，隨手拾取、咀嚼其中片言隻字，隨即得以獲益啟發、心開意解。值此繁忙世道，本書當可為現今困頓、正在渡越生命重大關卡之人，帶來一帖及時的清涼藥方，故樂為推薦之。

前言
斷念，不是放棄，是理解自己的無能為力

事情沒有做到最後，半途而廢，叫做「放棄」，日文寫做「諦める」。這個語詞，給人遺憾、痛苦、鬱悶和空虛的感受，大家都不是很喜歡用。

不過，翻開字典查詢「諦」這個字，卻都是很棒的解釋，完全沒有負面的意思。看來，「諦める」並沒有我們想的那麼不好呢！

「諦」這個字的右邊是帝，原本的象形文字，是三條垂墜的線，束在一起的樣子。意思衍生為：

一、把事情弄清楚。多方觀照，辨明真相。

二、真實。綜觀整體，洞察真相。

簡單來說，就是「看清」（明らかにする）的意思。好像東西被光線照得很清楚，真相大白。這裡的「看清」，表示毫無疑問、明明白白。這個字在梵語中唸做「satyá」，意思是：

三、真理（佛教用語）。還有覺悟。

也就是說，在日語中，「放棄」與「看清」其實是同一個意思。**以前的人，是在「看清」事情的真相後，得以「放棄」**。即使希望長生不老，但還是明白「人只要生下來，就會變老」，只得放棄、斷絕長生不老的念頭，並接受「人終究會老」的事實。

不過，到了近世，「諦める」這個字，已經失去「看清事情本質」的前提，單純變成放棄的意思。時代的變遷，多少會使語言產生變化。不過，明明只要經過「看清」的過程，就可以乾脆的「放棄」啊！後人卻都忽略了看清的環節，真是可惜！

認清事實，才不會討厭自己

佛教的釋迦牟尼，闡明四諦為基本教義（詳細內容，請見第三十九頁），也把「放棄」和「看清」視為相同意思。

為了乾脆俐落的放棄，應該要看清什麼呢？

首先，**要仔細觀照事物和自己內心的狀態**。

例如，原本預定好的戶外活動，因為下雨去不成。這時，要放棄很想去的戶外活動，首先得明白「天氣不可能改變」的事實。如果沒有看清這項事實，就會懊惱不已，一直抱怨「為什麼偏偏下起雨了」、「虧我還特地做準備」。

再以我的經驗作為例子。放棄減重時，必須先明白「我生而為吃，現在想吃的欲望勝過一切。」、「大家常說：『男人因為不想死而瘦身，女人為了瘦身可以豁出性命。』現在的我，比起減輕身體的負擔，更重視減輕心靈的負擔。」只要明白這些道理，就不會陷入自我嫌惡，覺得「我減不了肥很沒用」，即使被別人罵「沒有毅力」，也很心安理得。

有些人，即使仔細觀察事情的狀況，還是無法放棄。這樣的人，也只能讓他持續嘗試，直到他看清事實為止。他必須不斷嘗試，直到遭遇挫折、累得筋疲力盡，才可能放棄。

要對喜歡的人死心斷念，除非愛到徹底。直到明白就算自己愛到粉身碎骨，對方也不屑一顧，才有放棄、死心的可能。如果不明白「感情勉強不來」的道理，人就無法斷念。

想要放棄不如意的工作，只能盡力一搏，做到徹底。拚盡全力後遭遇失敗，才有可能明白失敗的原因。「原來那個環節不能那樣處理，難怪會失敗。這也是沒辦法的事。」於是得以斷念，轉向新的目標。

「沒辦法，這件事就是這樣」，別再糾結

如果覺得「看清」一詞很難理解，想成是「理所當然、沒辦法」也可以。

被別人說了壞話，只要想成「那個人要講別人的壞話，才會有優越感，所

以理所當然會講我的壞話」，就不會放在心上。

自己說了正確的事，卻不被理解，不妨想成「對方的理解能力有問題，所以不懂也沒辦法」（但是，我不是建議你們把對方當傻瓜喔）。「對方似乎覺得還有其他正確的觀點，所以當下自然不會採用我的意見。」如果可以意識到這點，就不會覺得焦慮煩躁。

被強大的挫折打垮，導致不得不放棄，不可能輕易振作起來。想要重新振作，必須明白自己為什麼遭遇挫折。**明白「自己真的無計可施」，然後徹底斷念。每次重新振作，就會明白「原來這件事就是這樣」，學到寶貴的經驗。**

本書想告訴大家，我們平常遇到的問題，它們的本質是什麼，要如何「看清」進而「斷念」。本書所談的「斷念」，有「看清」和「放下」兩種意思。

我舉的事例，多數都是我親身經歷的放棄過程，或許不全然符合你的情況，但是希望你可以從這麼多的事例當中，體悟到放棄的方法。

希望能幫助大家把糾結於心的事情徹底斷念，踏出新的一步。

序章

你的困擾，都是自己想像出來的

01
世上所有事，都是因緣際會的結果

世上所有的事，都是因緣際會的結果。這是釋迦牟尼頓悟的「因果」法則。每件事都有原因，加上各種機緣，最後變成結果。你可能覺得，這聽起來很理所當然吧？

為了家人（原因）而工作（緣），工作過度（緣）把身體搞壞（結果）。

為了排解壓力（原因）而喝酒（緣），飲酒過量（緣）導致宿醉（結果）。

這是連孩童都能了解的因果關係，但是多數人（比方說我的家人）卻往往把緣誤以為因。身體搞壞了，認為是「因為工作過度」；宿醉了很痛苦，卻說是「因為喝太多」。對我來說，工作過度和飲酒過量都是緣，真正的因在別處，但是他們卻不了解。期待別人能理解，真的是強人所難，只要我自己知道原因是「為了家人」和「壓力太大」就好了。

「因果」的法則雖然單純清楚，卻有兩項有趣的特質。

其一，緣和結果會成為新的原因和緣，不斷產生連鎖反應。我工作養家的緣，使家人產生感謝心，這種感謝心的緣，產生讓家人的人生充滿感恩的結果；我宿醉的結果，成為一種緣，再導致胃腸藥銷量增加的結果。

緣和結果，之後會變成什麼樣的原因、緣和結果？有些能預想，但大部分都預想不到（比如我工作過度和宿醉經驗，沒想到竟然可以寫在這裡當例子）。

另一項有趣的特質，就是「『無緣』之緣」。舉例而言，外出的結果，首先需要一個外出辦事的緣，還要許多自己無法掌控的緣剛好配合。比方說，用來騎到車站的腳踏車沒被偷、電車沒停駛等各種緣的具足，才會產生外出的結果。

因此，陷入困難的時候，要知道其中有太多不可抗力的緣在作用。「原來如此，那就沒辦法了。」看清了，就徹底斷念吧！無能為力的事，煩惱也沒有用，不如放輕鬆，自在過日子吧！

02 人際關係像美味料理，複雜才有趣

人生在世，少不了人際往來，想要隨心所欲的生活，並不容易。物品有人需要，就有人製造；有人需要服務，就有人提供服務；有人需要幫助，就有人提供幫助。人無法獨自生活，就需要結交夥伴。

錯綜的人際關係建構了社會。人只要活著，免不了面對複雜的人際關係。其實，複雜也無妨。不論甜、辣或鹹，如果只有一種味，就做不了美味的料理。好比只有一個音，成不了優美的樂章一樣。各式各樣的東西混雜在一起，才美妙。

我擔任住持的寺廟，雖然位於東京這個大都市，但直到現在，周圍的店家也仍有總本家、本家和新家（按：「本家」指的是嫡系家庭，分出去的稱為「新家」，總本家則為各個分支的源頭）的稱謂，是極有共同體特性的區域。

由於同名的店家太多，如果不清楚屋號（賣木桶和雨傘的店家通常是家傳

事業，屋號經常源於彌太郎、德兵衛等祖先的名字），就會完全搞混（按：「屋號」是依據一家的特徵而取的稱號，也有紋章化的「家徽」形式，因此屋號不同，即表示不同家。在現代則多半指店名、事務所名稱）。

「我的曾祖母，是從五郎兵衛家嫁過來的。」由於親戚關係錯綜複雜，遇到婚喪喜慶的場合往往很累，但是這裡的人們都不以為苦，還非常樂在其中。想在自己所屬的社會中愉快生活，就得接受並適應。這樣的人際關係不止一代，還是代代相傳。

這種錯綜複雜的共同體，套用在自己所屬的組織和團體也一樣。**只要身為團體中的一分子，也就自然會有錯綜複雜的人際關係**。

周圍的人經常酸我：「你還真是我行我素、不受影響。」看在大家眼裡，我就彷彿生長在水泥地裂縫中的一株草，不依賴任何人，總是獨來獨往的樣子。不過，我為了站穩腳跟，暗地裡到處都伸展了根鬚。這些就是我所謂錯綜的人際關係。

03 與人相處，經常贏了道理，卻輸了現實

「為什麼？」、「怎麼會這樣？」人們總愛這麼問，彷彿只要知道理由，就可以坦然接受。換句話說，人們找理由，只是為了接受現實。

為什麼有白天和夜晚？為什麼磁鐵可以吸東西？為什麼大象比螞蟻還長壽？植物為什麼不會動？頭上為什麼有髮旋？諸如此類的問題，簡直無窮無盡。

現代科學能如此發達，正是因為人類有無止境的探究心和好奇心。就連人文學科的心理學和哲學，也會從很小的問題著手，找出理由並導出結果。

為什麼人類不吃寵物呢？為什麼怪獸的名字裡，常出現GA、GI、GU、GE、GO？（按：日本曾出版書籍《為什麼怪獸的名字常出現GA、GI、GU、GE、GO》〔怪獣の名はなぜガギグゲゴなのか〕，以腦科學、語言學等方向，討論聲音帶給人的影響）如果世上有神佛，為什麼還會發生戰爭呢？為什麼

人總是在意別人的評論?人文學科的問題，也是多得不勝枚舉。

不過，一般人做事，大多沒什麼天大的理由。家人問你：「為什麼今天吃咖哩？」你只要回答：「因為好一陣子沒吃了。」當有人問：「為什麼要攬下自治會幹部的工作？」你只要回答：「總得有人做吧！」就好。

如果無法接受上述理由，質疑「為什麼一陣子沒吃，就會變得想吃呢？」這就變成腦科學研究的課題了。「擔任自治會幹部的大有人在，為什麼是你來當？」如果進一步質問，應該可以寫出社會學或心理學的論文吧！

許多人很愛講道理。或許在人生的某個時期與誰爭論輸了，覺得很懊悔，所以變得很愛用理論武裝自己。

不過，**就算道理可以使對方屈服，但是我們都應該明白，現實根本就不按牌理出牌**。「贏了道理，輸了現實」（道理上贏了，卻還是得屈服於現實）的例子多得是（談到感情，道理根本就不管用，像我就飽受夫妻吵架的摧殘）。

日常生活中，我們不必總用理論武裝自己。佛教說「不可思議」，意思是「不去思量和理解」。偶爾鼓起勇氣、放棄思考吧！悠然過日子不是很好嗎？

04
「請幫幫我」——人生的百憂解

我曾經與一位罹患憂鬱症的女性談話。

「電線桿很高，郵筒是紅色的，這些都是我的錯。」好比常出現在落語裡的這段詞句，那位女性在言談中不斷流露出體貼和認真，把所有過錯都攬在自己身上（按：落語是由坐在舞臺上的落語家〔說故事的人〕，描述一個滑稽的故事，類似單口相聲。此處引用的句子，在落語表演中，是女性對戀人表達「什麼事都賴在我頭上」的不滿。在日本郵政系統中，郵筒都是紅色的，與「電線桿很高」皆表示理所當然的事）。

談話進行到一半，我對她說：「其實妳可以開口說：『請幫幫我』。」

聽到我這樣說，她凝視著我的眼睛一會兒，突然哭得不能自己。

認真又太體貼的她，表示「明明是我的錯，我怎麼有臉求助別人」。她連向別人求助，都覺得有罪惡感。她說，不只給家人造成困擾，「也給住持您添麻煩了。」

於是，我詢問她：「如果有人陷入困境，對妳說：『請幫幫我』，妳會幫助他嗎？」

「會啊！如果我幫得上忙的話。不過，現在的我，沒什麼能力幫助別人。」

我一邊想著，或許我接下來說的話會讓她覺得難堪，但我還是說了：「看到別人有困難，妳會想幫助他，卻因為擔心給別人添麻煩，而不願意求助，我覺得這好像已經不是體貼，而是太逞強了。妳何不提起勇氣，對別人說出：『請幫幫我』呢？」

「說的也是。假使對方無法幫助我，頂多也只是回到我獨自解決問題的狀態吧。我覺得比較釋懷了。」

許多人不想給別人添麻煩，因此不想開口求助，什麼事都想自己解決。我也不例外。不過，在弱肉強食的生物演化過程，**人類就是選擇互助合作，才得以**

倖存下來吧！

這場對話，我不曉得是否能幫到她。但是她讓我意識到，凡事都想自己解決、一直很逞強的我，也可以坦然說出「請幫幫我」。我已經可以放下凡事都想自己解決的執念了。

05 一旦做出決定，就要捨棄其他選項

以下是某場婚宴的片段。

新郎新娘入場，登上舞臺。舞臺的背景裝飾著金色屏風，襯得兩位新人光彩照人。媒人說完開場白，介紹了兩位新人。之後，換主持人致詞。

「純真又耀眼的兩位新人，即將進行婚後的第一次共同合作，請一起切結婚蛋糕吧！有帶相機的賓客，請盡情拍照，把這個值得紀念的瞬間留存下來！」

在主持人的宣告下，新郎和新娘走到蛋糕前，朋友們也拿著相機，集中在蛋糕周圍。

刀子切進蛋糕時，新婚夫妻露出微笑，看向照相機。

切完蛋糕後，新婚夫妻走回舞臺，主持人接著說：「在刀子切進蛋糕的瞬間，代表新郎放棄對世上其他女性的愛情。新娘從此把新郎占為己有。」

聽到主持人這樣說，新郎也下定決心「選擇其一，就要捨棄其他」。這位新郎，就是三十年前的我。

佛教的不動明王告訴我們：「專心一志、不動，方能行動。」根據佛教的解釋，所謂不動，就是祈願「內心平靜的活著」。而且，不動明王還告訴我們，決定其一，就是捨棄其他，要有這種覺悟。

因此，「決定」同時代表這兩種意涵。如果不明白這個道理，就會產生迷惘，煩惱「或許選別的比較好」，而導致無法坦然行動。

日常生活中，選擇吃什麼早餐、打招呼的方式，甚至是工作的安排，都是從眾多的選擇當中，選擇其一、排除其他選項，才得以繼續進行。升學、就職、結婚、離婚，以及生病的治療方法也是一樣。

決定，也就等於捨棄其他選項。一旦下定決心，就邁步前進吧！

06 苦海的源頭，總想如己所願、隨己所欲

佛教對於「苦」的定義簡單明瞭，就是「不能如願」。我們會產生負面情緒，都是因為不能如願。

這個世上，天氣不會配合自己。政治和經濟，也不會如你所願。人際關係，也無法隨心所欲。因此，如果期待凡事盡如人意，我們的一生，將永遠陷入苦海當中。看清苦與我們的關係，佛教稱為「苦諦」。

人生會有諸苦，因為我們的心是很多「自我想望」的集結體。自我想望太多，所以產生諸苦。這個清楚的因果關係，稱為「集諦」。

順帶一提，會產生苦的自我想望，稱為「煩惱」（明明不如意，卻不覺得苦，那就不是煩惱）。

如何才可以消除諸苦？只要消滅「凡事想要盡如己願」的煩惱就好。這就

是「滅諦」。

釋迦牟尼根據自己的經驗，告訴我們有一種道（方法）可以消滅煩惱，也就是「道諦」。佛道就是在闡述這個道諦（最近大家都說「佛教」，但我比較偏好「佛道」一詞）。

苦諦、集諦、滅諦和道諦，合稱「四諦」。苦集滅道四件事，必須坐下來好好探究一番，所以才用上「諦」這個字。而且，道諦有八道，搭配四諦，合稱「四諦八正道」，是初期佛教的根本教義。

不看清事物的本質，就無法斷念。在競爭社會的苦海浮沉，如果不先看清本質，只是想盲目放棄，反而會覺得壓力更大，衍生更多痛苦。

以我來說，當我產生負面情緒時，我會先針對自己的想望，反思「我究竟想要什麼」，並思考自己的想望是否合理。多虧這個方法，我的苦少了許多。

07 內心的壞天氣，靠自己放晴！

應該很少人可以心中毫無芥蒂，自在的過日子吧？花了不該花的錢，覺得很後悔；工作不順利，內心焦躁不耐；聽到討厭的話，內心感到厭惡；人際關係不如意，覺得焦慮不安。

這些感受，都不是他人加諸自己，而是自己製造出來的。

當我們遇到事情，在產生意識的同時，就儲存為記憶。如果把事件比喻成玻璃彈珠，記憶就像是玻璃彈珠「咚」的一聲，掉進內心的盒子裡。玻璃彈珠如果有荊棘般的想法，就會刮傷盒子內側。生有荊棘的玻璃彈珠，如果只有一顆，倒還不會怎麼樣；但如果有很多顆，盒子就會變得傷痕累累。

我們的內心會產生芥蒂，通常都是普通的玻璃彈珠，自己長出了荊棘。

不過，有些人的玻璃彈珠，卻不會長出荊棘。有些人覺得把錢花在非必要的事物上，是一種至上的奢侈感；同樣是處理困難的工作，有人覺得很有成就感；即使聽到討厭的話，也有人覺得「那種人就是會講出那種話」、「講出那種話，反而很可悲」，所以不會放在心上；即使人際關係不如意，也有人會想「彼此都還不熟悉，這也沒辦法」。

以佛教的觀點來看，所有的現象和認知，都是自己心的問題。用乾淨的心看待，任何事物都很美好；用充滿煩惱的心看待，一切都會變成苦。

該怎麼做，才能讓投入心中的玻璃彈珠不長出荊棘？首先，你得明白「世事不會總如己願」。

遇到討厭的事，不要想「這種事，任誰都覺得討厭吧！」把別人全都拖下水。「別人怎麼想我不知道，至少，我覺得很討厭。」請以自己為出發點思考，否則你的一生將抱怨不斷。

「為什麼我會那樣想呢？」、「為什麼我把那件事想得這麼嚴重？」不要扯上別人，先以自己為出發點思考看看。

內心的天氣，要靠自己放晴喔！

第一章

斷念，是入世的實踐，不是出世的哲學

01 你要當好人，不是為誰當好人

有位嫁進世家的女性，與丈夫、兩名孩子及公婆同住。她把家庭經營得很好，簡直是賢妻良母的典範。婆婆過世後，她依然肩負重任，不僅能召集家族所有人去掃墓，與親戚們周旋也是一把罩。

不過，等公公過世後，原本一直支持她的丈夫，卻彷彿不堪負擔家族重任，變得一副窩囊樣，還不顧一切與親戚斷絕往來，對任何事都敷衍了事。孩子們也已經升上高中，不再像以前那樣，凡事都需要她照料。

這位女性打開佛壇，看著公婆和祖先們的遺照，越來越感嘆自己的處境。

「我已經傾盡全力，盡好做妻子、媳婦和母親的責任。但是，這些好像都成為泡影。我的人生究竟有何意義⋯⋯。」

她一直以來的人生，都以當好媳婦、好妻子和好母親為目標。不過，在公婆過世後，好媳婦的目標沒了；丈夫變得對她愛理不理，好妻子的成就感於是變得薄弱；孩子們也長大、獨立自主，再也不需要她出面幫忙，她不得不承認，原本她一直以「孩子的依靠」自居，其實孩子才是她的依靠。

如今，「成為好人」和「當好人」，已經不再是她人生能倚仗的目標了。

我對感覺已經走投無路的她，說了一番話：

「以往妳把容易消逝和變化的東西當作目標，現在妳總算明白了。一直以來，妳都在追求為他人付出的成就感和成果。妳也該放下了。

「對他人有貢獻，是支撐人生的堅強依靠。即使丈夫冷淡，孩子長大自主，妳還是對他們有貢獻。或許妳沒有意識到，從妳出生開始，就一直有貢獻，以後也一樣有貢獻。

「**該從『為誰當好人』的階段畢業了。請自己創造出『我為自己好』的目標吧！也就是擦亮自己的心。**一旦心擦亮了，就不會再蒙上灰。」

02 速速遠離整天抱怨者！

你的周圍，有多少善於鑽營的人？我的周圍有兩、三位這種人。這些人總是想投機取巧，結果往往都是自掘墳墓。至於包含我在內的其他人，則從來不曾有過這樣的念頭。

這種投機取巧的人，為維護和求取自身利益，言行經常表裡不一。清楚他平時言行的人，都知道他對上唯諾奉承、對下頤指氣使，是態度迥異的雙面人。

當事人為了保全自己而處心積慮，根本沒有察覺別人已經看清他的為人。因此，無論他如何拚命鑽營，也得不到信任，周圍的人只會嘲諷：「誰知道他私底下在打什麼鬼主意？」

另一種類型，就是事情做得很勉強，不斷抱怨「我真是苦命啊！」、「人在屋簷下，不得不低頭啊！」企圖博取周圍的同情。這類人只顧著博取同情，沒發現自己正告訴別人「我是窩囊的傢伙」。

看清這些為了保全自己，而四處鑽營、取巧的人，我實在很難認同這種處世方式。

至於那些處事周到，既不會失去信用，也不抱怨的人，又是怎樣呢？

他們大多不求自己利益，不會只想到自己。他們關心別人，不會違逆長輩，也不會種下無謂爭端的因。雖然有時候對晚輩擺點架子，卻是出於關心，而不是想誇示權威。他們有話直說，不會在背後說悄悄話，很坦蕩，不會講藉口。不知不覺中，他們獲得長輩的關愛，以及晚輩的信賴。

在失去他人信用、變得疲憊不堪之前，放棄凡事鑽營、投機取巧的生活方式吧！

03 我理解你的想法，但我不認同

我曾經對七十名小學生演講，教他們對生命要懷有謙卑心。

夏天惱人的蚊子，為了生存和繁衍後代，所以要吸食人類營養的血。當我們看到停在手臂上吸血的蚊子，往往只想一巴掌打死牠。於是，我告訴他們：

「假設叔叔我是蚊子，正為了生存而吸血，巨大的手逼近，要把我打死，當下我應該會想：『難道我做了什麼罪該萬死的事嗎？』你們和我，即使被蚊子叮了，也不會死，只會覺得有點癢，擦點藥、過個幾分鐘，就不覺得癢了吧？」

這時，有位四年級的男孩說：「不能這樣說。被蚊子叮還是會死人的。」

我想，他知道有些疾病是以蚊子為媒介。不過，當時我不是在講那種極端的例子。出於禮貌，他應該等我繼續講下去。（這個話題，我希望引導孩子們的心靈產生大轉變：如果終究要殺死蚊子，那是在心裡罵蚊子「壞東西」然後殺死牠？還是說聲「對不起」然後殺死牠？）

男孩在我說話的時候，一直散發出「快認同我！」的渴望。雖然覺得男孩很可憐，但是考慮到其他熱切聽我說話的孩子們，我無法配合他。而且，當下我心裡想的是：「我懂你的想法，但是我不認同。」

我懂男孩期待被人關注的心情，但是我不認同他的做法。

人們似乎很常把「明白、理解」和「認同」混為一談。

「我愛你。所以，我希望你也愛我。」「我了解你的心情。」「那麼就請你愛我。」按照這種思維，就會出現如此奇妙的對話。「我了解你的心情，但是我無法愛你」，一旦把了解和認同分別看待，就會覺得難以接受。

但是，理解（understand）和認同（agree），根本就是不同的概念，最好不要混為一談。

想要獲得他人同情的人，只要能夠被理解，就該覺得滿足。不企求對方的認同和贊同，才可以寬心過日子。

當時我沒有搭理的那位男孩，直到現在，我還是想和他好好的談一談。

04 與其人見人愛，不如我看誰都可愛

有些人把小時候想的「人見人愛」當成理想，希望長大後能成為「人見人愛」的大人。但是，我覺得這件事應該要小心看待。

博得眾人喜歡，更容易生存，因此無法自保的孩童，會勉強自己討人歡心（而沒有被好好對待的孩童，他會特立獨行，藉此吸引大人的注意力）。

有些人不想被討厭，所以會刻意討人歡心。他們壓抑自己的想法和想做的事，扮演一個好人。光想就覺得痛苦。

不必勉強自己討人喜歡？我不是這個意思。討人喜歡可以愉快過日子，許多人經過一番努力，也可能變成人見人愛的性格。做別人討厭的差事（掃廁所或擔任組織的幹部等），可以體會到成就感，生活也會過得很充實。

有些人很愛賣弄、做作，直到惹人討厭，才反省自己根本沒有考慮到別

人，於是終於學會為別人著想。

不過，殘酷的現實告訴我們，根本沒有所謂的人見人愛。一定會有人批評你「只顧自己當好人」、「太勉強自己」、「一直在討好別人」、「總是搶先別人一步」等。你得看清這點，放棄當一個被眾人喜愛的人。

那麼，該怎麼做才好？我有一位朋友，他工作不特別能幹，沒特殊才能，聲音不好聽，外貌也完全沒有優勢。他一直在想：「我能夠做什麼？」後來，他告訴我：「我想試著喜歡身邊的每個人。這種事靠自己努力，或許可以做到。」

我對他說的話深有感觸。於是，「**與其當討人喜歡的人，不如當看誰都可愛的人。**」這句話變成我的座右銘。之後，我得以自在過日子。

05 當你祈求回報，就會不甘心

睽違四十年，我的高中同學們舉辦了同學會。宴會熱烈進行當中，有幾個人離開座位上洗手間，沒有回到會場，而是另外在一處有沙發的場所，開起迷你同學會。

某位同學知道我在當僧侶，他說：「我對家人說，哪天我離開了，喪禮簡單辦就好。」

他好像是期待我這位專家表示：「那樣很好。」不過，可惜他得失望了！我根據自己的經驗回答他：「一般來說，喪禮還是辦比較好。因為你不是一個人生活。你有妻子、孩子，也有公司同事，你的人生與許多人都有交集。總會有些人，想在喪禮時到你的遺照前上香，對你說聲謝謝照顧吧！所以，還是不要推拒這些人的心意比較好。好不容易累積的信賴，往往因此失去。」

待我說完，一旁喝醉的前女高中生（四十年前）說：「和尚這種人，還不是看錢辦事！」我想，她或許吃過和尚的苦頭吧！但是跟喝醉的人認真沒有意義，所以當下我只是莞爾一笑，轉身回到會場。

談到布施，或許有人像她一樣，只看到金錢的「得與失」。

不過，布施的真正意思是「普遍施與」（布是廣布的意思）。從佛教來看，如果對自己的東西過於執著，認為「這是我的東西，誰也不給」，內心就無法平靜。假使連布施於人，都用「施捨」的心態，認為對對方有恩而心存傲慢的話，無論做了什麼，都不能稱為布施。正因為布施的心是「甘願」的，心靈才得以常保愉快。

舉身邊常見的例子來說，經常聽到很多人說：「明明我為他做了這麼多……。」加了「明明」二字，就等於期望回報，也就是利益交換了。「因為我愛你，所以你也要愛我」這種論點，大家可以想見會生出多少痛苦。

佛教主張的布施，是不求回報。**放下使心胸變狹隘的「得與失」，把這種吝嗇心換成「甘願做」，就可以輕鬆愉快。**

06 今天的努力就到今天，不要替明天加油

已經很努力的人，不能再對他說「加油」，因為他會覺得必須比現在更努力，而承受極大的負擔。不過，我指的是覺得自己加油不了，反而自我厭惡、無法坦然接受別人好意的人。

當你正拚命努力的時候，周圍的人說「加油」，不是說「你現在的努力不夠，應該更加油」。這單純是溫暖的鼓勵，只要坦率說聲「謝謝」就好。

「加油」，是認真的人最喜歡的話語之一。但是有時候，我們也該「放棄固執己見，讓心情愉快」。與其皺眉拚命努力，不如微笑開朗過日子。這句話雖然有點不負責任，卻很積極正向。

「加油」的日語漢字是「頑張る」。根據字典解釋，是從「自我堅持」演變而來，原意是提振頹喪的心面對事物。

我這裡談的是有「堅守」意涵的「頑張る」，意思是警戒守護某物，堅守在某處不動。但如果堅持過頭變成固執，不願意移動，身心都會僵化，反而失去自由。如此一來，周圍的情況時時刻刻在變，你卻無法妥善應對。就算不需要應對周遭環境或人事物，但若是一直堅持自我到變成固執，還是會覺得疲憊不堪吧。因此，我們應該放棄固執的努力方式。

況且，也沒有什麼東西需要寸步不離的守護吧？即使有，我們也可以尋找其他守護方式。

找到某個目標，朝著目標努力不懈，自己也要設定一個限度。比方說，**「今天就努力到這裡」，或是「這件事，我已經盡了最大努力」。如此一來，身心才可以維持平衡**。總之，不要一味的「持續」。無論是為了自己，或是為了別人，只知堅持努力，內心就會失去餘裕。

不要一直勉強自己，適時平衡身心狀態，再接著努力吧。

07 忍耐不能永無止境，要有目標

講到「忍耐」這個詞，很多人只會想到「忍住不做想做的事」吧。從小時候開始，父母和老師就一直叫我們「要忍耐」。因此，忍耐對我們而言，只有強制和壓抑等負面印象。

所以，我們會覺得「忍耐很討厭」。至少，我以前是這樣想的。

忍耐的日語漢字是「我慢」。「我慢」這個詞原本是佛教用語，但現在的使用上已經偏離了原意。

我慢是煩惱中的「七慢」之一，把實際上不存在的我視為中心，因而生出自大心，出現傲慢、自命不凡的表現。日本從近世後期，開始把這個詞的意思，由倔強、固執己見，轉換成忍耐之意。

身為僧侶，無論何時、發生何事，內心都要以常保平靜為目標。自從成為僧侶後，我必須清理內心的雜念。因此，對於「忍耐＝強制壓抑」這件事，我也想好好面對。

我在學習佛法的時候，發現「忍耐」很有意思。

第一，**忍耐必須有一個目標**。忍耐嚴酷的修行，目標就是悟道。反過來說，**如果沒有目標，就無法忍耐**。孩童之所以無法忍耐，是因為缺乏「忍耐才可以得到、想成為什麼」的目標。

第二，**為了達成目標，①有些事必須忍耐不做；②就算必須忍耐，有些事也一定得做**。

年輕時候的我，以為忍耐沒有目標，或是就算自己有想做的事，也必須忍住不去做。不過，自從我明白忍耐的真意後，遇到真正該忍耐的時候，我會很乾脆的接受。

必須忍耐不做的事，以及忍耐也必須做的事，就好比一雙翅膀，帶領我們飛向目標。

08 網路陰謀論，讓人變得不快樂

我有一位朋友，覺得每件事都藏有陰謀。不只政治、經濟方面，就連一般的事件，他都熱切主張內有陰謀。而他的資訊來源，都是從網路看來的。當你在網路查詢一件事，就會陸續出現類似的資訊。不知不覺中，你被迫接收許多相關訊息，而且沒有察覺自己瀏覽的是偏頗的資訊。

與他聊天時，對於結婚、生了兩名女兒，甚至是今天的天氣，他都可以解釋為陰謀。因此，周圍的人漸漸不和他談話。當然，對他來說，沒有人要和他說話，也是某種陰謀。

面對無法理解的事，我們都會想辦法接受。陰謀論就像是為我們提供明確解釋的萬能王牌，什麼都套上陰謀論，感覺很痛快吧？不過，大多數人只是想找個理由讓自己能接受，倒不至於向世人揭發陰謀，做出自認是拯救世界的舉動。

手機普及以前，在車站互約見面的人，會在車站設置的留言板，用粉筆寫下「十點半，花子，我先離開了。太郎留」等訊息。雖然現在已經不流行這樣做了，但是如果要傳達訊息，其實這種方式就已經足夠。

以前的資訊少，但大家不也都活得好好的嗎？從那個時代走過來的人，不覺得非得要有智慧型手機，也不熱衷每天都泡在大量的訊息裡，使情緒大受影響。「網路盛傳」這種話，其實就是「沒有人需要負責任、毫無責任」的意思。

一旦被捲入繁雜的資訊洪流中，眼耳都被龐大的資訊充斥遮蔽。自己是誰？真正想做什麼？這樣下去真的好嗎？這些人生真正重要的事，都變得看不見、聽不到了。

被不知道正確與否、模稜兩可的資訊，搞得心煩意亂、疲憊不堪時，找一天把手機和電腦關掉吧。如果出現戒斷症狀，代表你受資訊的荼毒太深了！

無論是資訊或他人的評論，都不要追著跑，而是要把它們拋諸腦後，跑給它們追才對。

09 不用失望，人本來就出乎意料的容易背信

自從到檀家寺（按：日本江戶時代為貫徹基督教禁令，幕府賦予佛教寺院管理民間戶籍的權限，以家族為單位（稱為「檀家」），規定人出生、搬遷、結婚和死亡等，都必須和所屬寺院登記，並禁止擅自脫離或更換寺院。這類的寺院即為「檀家寺」）擔任住持，我深刻體會到各家建立的信賴有多麼重要。

舉辦喪禮和法事的時候，我會與主人家的親戚和鄰居談話，聽他們談論逝者與他人往來的逸事。這些人把逝者的生命價值放大了好幾倍，使逝者建立起來的信賴，得以延續下去。

信賴要不斷延續下去，很困難。

幾百年累積起來的信賴，一代就可以破壞殆盡。只要一次，或是半天的短時間，就可以使信賴瓦解。

為什麼我說信賴很重要？因為沒有信賴，要生存在世上極為辛苦。請想看看：「我對你沒有信賴、我不相信你」，就像是說「我不知道你在搞什麼鬼」一樣。到這種地步，你就會孤立無援。

因此，我們必須重視信賴和信用。

與朋友交往也是一樣。信賴關係的建立，不是一朝一夕可以成就。要確定彼此是否足以信賴，需要很多時間、一起經歷許多事（所以，看到那些只見一次面，就興高采烈的表示「我們是靈魂伴侶」的人，我真是替他們擔心）。

有些善良的人，相信他們信任的人不會背叛他們。但很遺憾的，**人出乎意料的容易背信**。因為人一直在改變。

原本關係要好的朋友，交到更親近的朋友之後，也可能會開始疏遠你。例如，你與認為是好友的A，一起說B的壞話，藉此消除心中的不快。後來，A與B突然變很好，A就可能向B說：「那個人一直在說你的壞話。」因為A的情況已經改變了。狀況的改變變幻莫測，你根本無能為力。

信賴就像海岸邊打造的沙堆，只要波浪來襲，馬上就轟然崩解，根本不堪一擊。耗費十年建立的信賴一旦瓦解，想再重新建立，得花上兩倍以上的時間。

所以，**我們會在不同的時間點，同時建立好幾座信賴的沙堆，這就是人際關係**。如此一來，萬一有一座沙堆崩毀，那就放棄重建，把其他信賴的沙堆再堆大一些就好。

10 關於逆境，有一天你要笑著說給別人聽

大家都懂「禍福相倚」和「樂極生悲、苦盡甘來」的道理，但是身處順境時都不會想到，或是不願意去想「不會一直這麼順利，總會發生不好的事」。遇到逆境時，明明知道「沒有下不停的雨」，卻對當下困住自己的雨感到無計可施，變得鬱鬱寡歡，一味抱怨「雨究竟何時會停？」

「幸福的時候，要是不會想『為什麼我這麼幸福？』那麼在不幸的時候，也就不會想『為什麼我這麼不幸？』」我在大學時曾看過這樣一段話，才知道一直以來，自己有多不懂事。只會在不如意的時候狂抱怨，而凡事順心如意時，也不知心存感謝。

佐田雅志（按：日本歌手、詞曲創作人）的歌曲〈甲子園〉中，有一段歌詞描述，在夏季甲子園（按：日本的全國高等學校棒球錦標賽，每年八月在兵庫

縣西宮市阪神甲子園球場舉行，因此俗稱「夏季甲子園」）出賽的將近四千所高中，優勝校是從沒輸過的隊伍；但慶幸的是，其他輸掉比賽的隊伍，也都只會輸一次而已。佐田雅志的想法，應該是想用公平的角度看待事物吧。

學習佛教的緣起時，我也察覺到，一個現象的產生，需要許多緣的聚合，連「沒有發生的事」都包含在內。我能有這種覺察，或許是因為我比較能從不同的角度思考（比方說，這本書在你手上的緣，也包含我在完成這本書之前都沒有死，而你也沒有去讀其他書的緣）。

萬事萬物，往往牽涉到某些與我們沒有直接關係的緣，就算我們再怎麼小心注意，也可能發生許多無能為力的事。因此，**人即使在順境中，也要有「人生不會總是很順利，順境不可能長久持續」的覺悟**。即使順境真的變成逆境，也要試著接受並釋懷，不要驚慌失措。

即使身處逆境，只要在心中告訴自己：「這段歷程，總有一天我可以笑著說給別人聽。」就會產生挺過逆境的勇氣。

11 斷念，要先不否定結果

「無能為力」是放棄時最常說的話，有時也表示「那就算了」、「我不管了」，類似於自暴自棄的意思。

雖然說「無能為力」，但其實，問題還是有解開的可能性。

「為什麼事情會變這樣呢？」、「這也是沒辦法的事吧？」、「不過，總會有辦法的吧？」、「那就再加油看看？」、「但是再怎麼加油也沒用。」、「那該怎麼辦？」、「果然還是沒辦法了吧！」像這樣的內心對話，我也有過好幾次。

有些人會徹底追求可能性，絕不放棄。落語家立川志之輔的落語表演《綠色窗口》（みどりの窓口）中，就出現這樣的人，讓櫃檯售票員和居酒屋老闆大感困擾。這個人聽到指定座位已經售完，就抱怨「應該還有國會議員的預留座位吧」；在居酒屋點了菜單上的某樣菜，被老闆告知「很不巧的，今天材料已經斷貨」，他居然回了一句：「斷了就接上啊！」這種莫名其妙的話。

從佛教的立場來看，問題發生的時候，如果不看清本質就無法斷念。這裡舉我的親身經驗跟大家分享。在人很多的超市排隊結帳，心想某個收銀臺的結帳速度很快，所以跑去排隊，中途卻遇到收銀機換收據紙，反而落得最晚才結帳。這件事雖然微不足道，對我來說也是一項問題。

這種情況，為了讓自己覺得「沒其他辦法」而放棄，必須先明白問題的本質。「收據紙是消耗品，終究會用完。換收據紙需要時間。沒料到這種情況，是自己的錯。收銀臺無論結帳得快或慢，都買得到東西。早結帳或晚結帳，也只差個兩、三分。排到比較晚結帳的隊伍，這項事實不會改變。」只要內心明白這些事實，了解無論排在哪個隊伍結帳都沒多大差別，就不會為了哪個隊伍比較快而東張西望。

想要放下，**首先就是不否定結果（現實），要接受它。接著，思考事情發生的理由**。這大約只需要一分鐘的時間吧。一分鐘可以做到的事不做，反而被無止境的問題困住，不管給你多少人生，內心也無法平靜。

12 手機、郵件、社群，別成天掛在上頭

頻繁打電話、寫電子郵件，或是很愛在社群網站上發文的人，往往是不找人聯絡就會感到寂寞，或是很喜歡表現自己的人。也有一些是很有禮貌的人，以為不回覆別人的貼文很失禮。

假如是為了工作而使用這些聯絡工具，那倒無可厚非；但如果私底下很愛用社群網站與人聯繫，那就不是健全的精神狀態了。

練習騎腳踏車的時候，如果沒有人扶著自己，會擔心跌倒而感到不安（處於不健全的精神狀態）。同樣道理，如果不與人保持聯繫，就會感到不安的人，或許就是精神上無法自立。還無法自立時，一定會需要別人的支持。但是必須意識到，原來自己還無法自立。**承認「自己還不夠強大」需要勇氣，但是如果不看清這項事實，一直依賴別人，就會變成「社交疲勞」**。

我在書裡常告訴大家，要發現日常生活中的美好事物，並充實度過每一天。所以，我幾乎每天都會更新部落格，跟大家報告我的實踐情形。部落格會收到網友的評論，一開始我會回覆評論，但是，我的回覆又會收到新的評論，一直持續這種你來我往，簡直像在開會。

我想，沒有任何組織是不做事只開會的吧！會議的目的，在於確認工作方向或工作進程，以及意見調整。而會議結束後，不知道自己要做什麼的人，會留在會議室詢問：「剛剛談的內容，結果是怎樣呢？」電子郵件和社群網站一來一往的過程，我覺得自己就像會議後留在原地的人一樣。因此，回覆評論的時間，我規定自己不超過三十秒。如果不這麼做，我就沒時間磨練自己，也沒時間做自己該做的事。

社群成癮，就好像二十四小時都在開會一樣。我們應該要早點脫離成癮，學會自立，做自己該做的事。那些比你早走出會議室的人們，都拚命去處理自己該做的事，還有自己想做的事了。

13 無論肚子或心靈，八分飽就好

我在與人談話，覺得對方講的話很難以置信時，會隨口說出：「你該不會是胡謅的吧？」對方聽了不知如何是好，我又會若無其事的說：「啊，請繼續說下去。」都是對方開啟胡說八道的對話，害我也跟著亂講話。

「名取先生，您現在發展得很好，幫助了很多人，之後也請您保重身體，再繼續做牛做馬喔。」聽到別人這麼說，我不知道他到底是要我保重身體？還是要我拚命工作？當然，他應該是覺得我總是賣命工作，出於體貼的表示：「就算我要您休息，您也不會休息吧？所以只能請您保重身體。」

「飯吃八分飽，醫師不用找。」這是自古以來流傳的一句話。雖然沒有醫學研究證實，餐餐吃飽會對健康有害，但是我認識的某位醫師，根據他的知識和經驗表示：「這句諺語或許值得科學檢驗。」

即使是不懂醫學知識的一般人，也知道吃太飽會造成血糖上升太快，讓人想睡覺。而消化系統為了消化滿滿的食物，必須全力運作到筋疲力盡。再加上吃太多極可能導致肥胖，一旦肥胖，很多疾病就會找上門。

我想心靈也是一樣。如果追求「恆常滿足的狀態」，就會精神緊張，覺得「有自由的時間，那就去玩吧！」、「什麼都不做太可惜，找個地方去走走，或是工作吧。」不顧一切把心和時間的空隙填滿，而讓自己疲憊不堪，還一味逞強說：「滿足明明是好事，怎麼會喊累？」卻沒注意到內心在吶喊：「讓我休息吧！讓我清靜一下！」

自我啟發類的書，都告訴我們「要愉快的生活」、「生活就是要做自己喜歡的事」，講得煞有其事。如果只是盲目吞下這些話，可能會產生罪惡感，覺得「沒有愉快生活，很不應該」、「沒有做自己喜歡的事，很失敗」吧。連看到事情做得差不多就妥協的人，也覺得不能忍受。

無論肚子或是心靈，都該放棄「經常飽足」，保持八分飽的滿足就好，讓身心得到安穩平靜。

14 志氣是：自己的事自己解決

我是家裡最小的孩子，從小就在被溺愛的環境中長大。等意識到別人都說我是「大少爺」時，我已經將近三十歲。別人這麼叫我，意思是我是不知疾苦的大好人，而且不諳世事。自從中二病（按：源自日本流行語，形容人活在自己的世界，表現出自以為是的態度。據說這種狀態常在中學二年級發生，因此被稱作「中二病」）發作以來，我只靠著症狀之一的「不知道哪來的自信」走到現在。

不過，不知疾苦也不是什麼大問題。雖然看事情的角度比較天真，但同時也算是一種樂觀主義。突然遭遇意外的打擊時，頂多也只辛苦到自己。當下，我只覺得辛苦也是沒辦法的事（這也是樂觀主義者才這麼想）。自己的事要自己處理，這是我的志氣。

不過，有些人沒有這種志氣。即使發生問題，他們也期待別人會容忍或幫助自己，所以做事沒有分寸，或是事情做到一半就丟下不管。

人生在世，要靠大家互相寬容和互相幫助。如果只是單方面期待別人的容忍和幫助，實際上你會發現，根本沒有人會容忍或幫你。如果是工作上發生問題，別人不得不協助你，但這不是真的想幫你，也談不上容忍，只是為了避免問題影響到其他層面而已。

而拚命做事，導致筋疲力盡、身心都瀕臨崩潰，卻仍想繼續努力的人，或許會遇到願意容忍自己、對自己伸出援手的人吧（照理說是不會有，但是有這種可能性）。

佛教主張，無論何時、發生何事，都要祈求內心平靜（悟道）。原則上，佛教提倡自主生活，不允許想法天真、總想依賴別人的行為。這裡所說的「無論發生何事」，也包括遇到沒有人容忍和幫助自己的狀況。

麻煩與否，雖然得看對方怎麼想，但是，**不在乎會不會給別人添麻煩，毫無責任感的天真，我們都應該摒棄**。一起成為堅定又自立的人吧。

15 老跟一群人一起混，你不會進步

同好會和團體，把有志者齊聚一起，可以做一個人無法辦到的事。由於全員志向相同，聚在一起可以熱烈交談，彼此度過愉快又熱鬧的時光。身處這種場合，人們不會寂寞，也會忘記煩憂。

因此，許多人總愛湊熱鬧。不只在社群軟體上，參加實體活動也讓他們非常愉快，彷彿離不開朋友。

當擁有相同想法的人們齊聚一起，想要做更大的事時，擁有專長的人跳出來說：「這個就交給我辦。」真是令人安心無比。總務、庶務、會計、接待、主持人、櫃檯人員等，不是誰都可以做，每項工作都需要專業知識。

我擔任住持的密藏院，每年都會由聲優舉辦一次朗讀會。為了舉辦這場公演，專門學校（按：日本教育體制中特有的高等教育機構。不同於大學著重於理

論研究，專門學校則以技術實習為重心）的學生也會來幫忙，不過各項工作的負責人，都是幕後的專業聲優。他們在基層時期，已經參與過相關的所有流程，是非常可靠的成員。

數年前，以學生身分前來幫忙的人，現在已經變成負責人，做起工作乾脆俐落。我很想對他說：「你什麼時候變得這麼能幹？真是了不起！」想必他們都私下找尋機會，自動自發磨練技能，才得以更上一層樓吧。

在團體中，如果只是漫無目的待著，根本成不了氣候，就是任何人都可以隨時取代的一枚齒輪，毫無存在感。

就像學生時代，有些同學明明每天跟大家都玩在一起，功課卻特別好。我們看他好像都跟大家一起玩，其實私底下，他卻是付出了加倍努力。如果毫無所覺，**光是滿足於跟大家混在一起，什麼也不做，不知不覺中，你會發現只有自己被晾在一旁**。

偶爾也要脫離團體，創造專屬自己的時間，好好磨練自己。

16 做與不做，你都會後悔

美國有一份針對八十歲以上老人做的問卷調查，問題是：「人生中，覺得後悔的事是什麼？」有七〇％的老人回答：「如果當初更勇於挑戰就好了。」

這項資料在網路上查不到出處，而其他類似的問卷調查，第一名的回答則是「如果有早點檢查牙齒就好了」，所以應該不足採信。搞不好只因為他們是美洲大陸拓荒者的後代，才推導出這樣的結果吧？我想，回答「還好當初沒有貿然挑戰」的人，應該也不少。

同樣的問題，詢問我周圍的老人，應該會有很多人回答「沒有後悔，人生很滿足」；而回答「如果當初更勇於挑戰就好了」的人，我想不多。人生當中面臨無數的交叉口，多數人應該會認同自己選擇的道路。

從「要繼承家業，還是做自己想做的工作？」、「要跟這個人結婚嗎？」

等重大抉擇，到「晚餐要吃和食，還是義式料理？」、「要帶傘出門，還是不帶？」等小事，人們大多能夠同意自己的選擇。

「大家都這麼說，不然就試試看好了？」、「大家都勸我不要做，那就不要做吧！」當然，人有時候也會參考周圍的意見。不過，即使參考了眾人的意見，最終還是因為自己同意，才做出抉擇。

想做的事，即使周圍的人都阻止，只要自己做好覺悟，就去做吧。相反的，即使周圍一直勸你做，只要自己決定不做，那就不做。

不要為了當初做了，還是沒有做而感到後悔。當初決定做或不做，是不是出於自己的意志，這才最重要。

無論是「當時雖然想做，但是因為一些因素所以沒做」，或是「雖然當時不想做，卻不得不做」，只要是自己決定的，就不要後悔。

也許你會後悔當時還年輕，想法太天真。但實際上，當初的你，或許就只能做到那個程度。如果不明白這項事實，一直糾結在做了還是沒做，你的人生將在懊悔中度過。

第二章

放下，很難；轉念，就不難了

01 欲望就像盔甲，穿太多就走不動

電視偶爾會報導那種已經稱不上家的「垃圾屋」。我看著新聞，自言自語說：「家是給人住的場所，但這屋主卻把它看作是堆積物品的容器吧。」妻子聽了，冷笑說：「你的房間，跟它也差不了多少。」

為什麼東西會滿出來？是因為容器裝不下。沒有收進書架的書，被我擱在地上；書越堆越多，就變成了桌子，上面又被我放了別的東西。難怪家人總告訴我：「想讓房間保持整潔，地上就不要放東西。」

英語有一個單字「mine」，表示「我的東西」。顯示在我們的內心深處，對「自己的東西」存在占有欲。自己的東西如果冠上「我所喜愛的」，就會成為強化自我存在的物件，變成一種財產，並且一直增加、累積。

喜愛的衣服、用來炫耀的裝飾品、文具、智慧型手機、杯子和書等，你所

擁有的東西，如果多到超過最基本的需求，就好像不斷把盔甲往身上穿一樣，彷彿是想讓自己變得更強。

一般來說，生活必需品的庫存，只需要一個月的量，但受到特賣活動的誘惑，往往一次買進數個月的量，把家裡堆到放不下。自從遭遇地震災害，為了預防萬一，我們都會囤積物品，導致走廊堆滿箱子，東西都放到快要過期。只要家裡有閒置的空間，就會燃起「還可以再買」的購買欲。**因為「無」讓人產生不安**。如果把自家當成避難所，那還另當別論，但一般家庭根本沒必要這樣囤積吧？這樣的居家環境，怎能過得清爽舒適呢？

只想不斷增加，卻不知道減少，東西就會滿出來。處於動彈不得的拘束狀態，好比一個人身穿盔甲，走得沉重無比。不把層層堆疊的各種物品扒下來，就看不到真正的自己，也無法簡單過日子。

從很早開始，佛教就主張「寡欲知足」。**減少欲望，心就會安定下來。知足就懂得謙虛**。因此，我們都該停止增加物品了吧！

02 世上沒有完美，接受「這樣就好」

密藏院每個月會舉辦一次「描佛會」，分白天和晚上兩個時段。抄經是指抄寫經文，而描佛就是在佛像畫上放薄薄的和紙，然後跟著線條描畫，任何人都可以輕易上手。

其實，初期的佛教重視教義，沒有偶像崇拜，是後來人們想知道「開悟後的佛是怎樣的姿態」，所以才繪製出佛的畫像。

在沒有印刷技術的時代，抄經和描佛是宣揚佛教的重要工具。直到現在，抄經和描佛仍被當作是靜心的修行，許多人透過手中的畫筆與佛相會。

雖然都是透過描線畫出佛像，每個人完成的作品卻千差萬別，甚至根本看不出底圖是同一尊佛像。有些人描出來的作品，比我畫的底圖還要好看。因為他們畫得實在太好，我還拜託他們幫我繪製底圖。

他們繪製的底圖堪稱完美。由於要供非常多人使用，所以他們把底圖畫得更加完美。簡直像把底圖掃描，或是用了製圖軟體一般，線條和曲線都粗細均勻。雖然這樣說顯得我很挑剔，但在我看來，似乎太過工整了。線條如果有些不平整，看起來才比較自然。認真幫我畫圖的人，因為覺得我的底圖畫得太隨興，所以幫我做了修正。

這讓我想到「完美」一詞。我的完美，在他人看來卻不完美。拿這本書的內容來看也是一樣，這已經是現在的我，能寫出的最好作品。如果想修正，大概可以稍微改換文章、減少用名詞當結尾的句子，或是變更標點符號的位置吧。但即使如此，你們現在閱讀的內容，已經是現在的我所能寫出的最終形態。

這裡提到的「現在的我」，或許明天還會變化，所以其實是隨意訂的基準。反正，**無論是誰看、何時看，可能都有人覺得不完美，所以把基準設定在「現在的我」就好。**

我的意思不是隨便就好。以自己覺得完美為目標，這樣很好。不過，明白世上沒有完美，接受「這樣就好」，心情也會變得非常輕鬆。

03 有實力的人，從不害怕重複

有些人覺得，每天都做同樣的事很無趣。工匠學藝和公司研習，或許都是重複做同樣的事，但為了將來能夠獨當一面，所以可以忍耐。

「人生毫無目標，每天都是起床、吃飯、上廁所、洗澡和睡覺。」如果只著眼在自己不喜歡的部分，當然會覺得興味索然。到頭來，簡直跟抱怨「每天只是活著，有時候也想死看看」沒兩樣。

落語中有一段小故事，講述一位輕率浮躁的老公公，覺得與老妻一起生活很厭煩，於是他說：「我聽說，死了老公的寡婦會變得很有魅力。我也想讓我老婆當寡婦看看。」

換個角度看，如果每天都變化不斷，人也會覺得疲於應付。參加三天兩夜景點走透透的套裝行程，回到家應該會覺得鬆了口氣吧！而媽媽的料理，也是因為吃得很習慣，所以才有安心的感覺。

每天持續一樣的日子，就想求改變；但要是每天變化不斷，就祈求安穩的日子。這就是人性吧。既然如此，那就從中找到平衡，讓日子過得張弛有度。

即使每天都重複同樣的事，但其實周圍時時刻刻都在變化。今天與昨天、明天與今天，都不可能一樣。我每天都照樣寫原稿，但是寫的內容都不一樣。

天氣也好，社會情勢也好，就連自己的心境，都隨時在變化。即使非常享受變化，要是每天上班和散步都走不同路線，就會覺得累。但就算路線相同，發現開了新商店、路邊的花開了，還是可以察覺到很多變化的事。

你看點心店的甜點櫃，除了固定販售的甜點之外，還會擺出一些季節性的點心。花店也是一樣。只要買一些季節性的花卉裝點家裡，就可以感受到季節的變化。

渴望變化的人，感受性比較遲鈍，以至於無法察覺周圍的變化。許多有實力的人，其實都一直重複做著同樣的事，只是從中找到微小改變。明白生活處處有變化，在平凡的生活中，發現一些細微的不凡吧。

04 多才多藝的人，都從專精一項技能開始

這個世上，有所謂多才多藝的人。這類的人其實很多，我們在媒體上看到的，只是一小部分。就我親眼所見，有不少多才多藝的人，總讓我不禁懷疑「人無完人」這句諺語是不是騙人的。我想，許多人應該都很想要成為那樣的人吧！

不過，其實他們也不是一開始就會很多技能。正如諺語所說「一藝精百藝通」，專精一項技藝的人，在其他領域也會比一般人敏銳，更容易體會到訣竅。

比方說，我的二兒子平時靠打工維持生計，是沒沒無聞的演員（我的妻子常會問他：「你光是打工，什麼時候才會當演員？」讓他聽了很不高興）。我問他當演員的情形，他說除了練演技之外，還得學武打、舞蹈和唱歌。

幫忙建造寺廟客殿的年輕木工實習生，在將近一年的建造期間，都只做打掃和收拾的工作而已。我向木匠師傅請教原因，他說工作做完，如果不會自己收

拾，就無法成為獨當一面的木工。也就是說，木工師傅都是打掃和收拾的達人，他們為了專精一項技能，連附帶的事也得一併做好。

有些農家，因為想讓種出來的作物供人享用，所以成為主廚，把自家採收的食材拿來料理，就可以開餐廳。有些人為了寫自家餐廳的招牌和菜單，所以學習書法，後來書法寫得很好，甚至可以媲美書法家。還有一些人，因為想親手製做餐廳的餐具，所以成為陶藝家的弟子，最後技術好到可以開個展。

專精一項技藝的人，會逐漸變得多才多藝，而不是一開始就多才多藝。如果不懂得這項道理，最終可能落得「貪多者兩頭落空」，一無所獲的下場。

不要看別人多才多藝就心生羨慕，只要了解他的經歷，就會明白他是如何徹底投注心力做一件事。因此，不要做「馬上就可以學會許多技能」的夢。

不知道自己能專注做什麼事的人，不妨先從做得到的，或是自己熱愛的事情著手吧！

05 執著很好，過頭了就不好

佛教認為，世事不會恆常不變。沒有任何事情不會改變，所以執著也沒有用，只會增加痛苦。任何事物都沒有不變的實體，如果非要糾結在一項事物，就好像世界如此廣大，你卻偏偏選擇狹窄的道路走，這不是很可惜嗎？

日常生活中，我們經常有「事情本該如此」、「應該要這樣做」的想法。有位不擅長在眾人面前說話的人，某次必須發表演講，他把自己寫的草稿，拿給當主播的友人過目。

主播給他一番建議：「最好不要寫草稿。寫草稿這件事，就像明明可以走陽關大道，卻因為自己走路的範圍是六十公分，所以把兩側挖除，而走在狹窄的道路。這樣走起來很恐怖，根本寸步難行。就算是專業的播報員，也很難把草稿完全唸好，對普通人來說就更困難了。你只需要記下要點，自然演講就好。」

翻開我最愛的《新明解國語辭典》（按：日本三省堂出版的小型辭典，其詞語解釋較個性化，因此受到許多讀者喜愛）查詢「執著」（こだわる）一詞，卻看到令人吃驚的解說。①對別人看來沒什麼大不了（甚至應該乾脆忘記）的事，而糾結不已。②在意別人的評價，因此對某件事花費很多心思（②是很新的用法）。

最近很常看到店家以「用心、執著的精神，製作○○」來推銷自己的商品。雖然②的用法越來越常見，實際上卻不是好的意涵。

所謂執著，就好比屋外有美好的世界，卻寧願把自己關在房間，從窗戶看著外面變幻的景色。這就只是待在原處，毫不移動。其中，有些人不是因為不在乎他人評價而不動，而是因為害怕才不敢移動。這就是自己把路越走越窄。

雖然走路的範圍只有六十公分，但如果身處廣闊的場所，就可以自由隨意的走到別條道路，之後再走回原來的路。**只要放棄走在狹窄的「執著」道路，你會發現世界多麼海闊天空。**

06 一個人能完成的事有限，與人合作才有趣

佛教的教義中，有所謂「四攝法」。「攝」就是攝取，意思是納入手中或是範圍內。四攝，就是指得眾望的人所擁有的四種德行：「布施」是無條件的給予。「愛語」是口說良言善語。「利行」是利他之行。「同事」，就是站在對方的立場一起行動。

自從佛教傳到中國，四攝被認為是高居上位的皇帝和官員應具備的德行，流傳甚廣。與儒教一樣，講求不透過武力，以品德掌握人心。其中，站在對方的立場、一起處理事物的「同事」，是一條極為重視實踐的教義。

佛教的目標講求開悟，讓內心常保平靜。為了讓世人了解佛教，就必須貼近眾生的煩惱。如果無視對方的立場和考量，只顧著宣揚自己的主張，誰也不會聽你的話。因此，「同事」是不可或缺的教義。

當我們長大、萌生獨立心之後，就不想再接受父母親的協助，開始主張「自己做」。無論任何事，都想任性而為。在動物世界也一樣，獨立這件事，是生存必經的成長過程。

不過，一個人能做的事情畢竟有限。在臨界點內，自己要怎麼做都行，一旦到達臨界點，超出自己的能力時，就會窒礙難行。已經到達臨界點，卻盲目相信「每個人都不一樣，每個人都很好」或「世界上唯一的花」（按：日本男子團體SMAP的歌曲，由製作人槙原敬之作詞，歌詞具有每個人都是獨一無二存在的含意），而死守自己的生活方式，就會過著孤立無援的無趣人生。

即使是自己就做得到的事，如果用合作的態度向對方開口：「能請你幫我嗎？」人生就會變得豐富多彩。與人合作共事，難免意見不同，很傷腦筋，這時不僅可以知道自己多麼任性，在彼此磨合的過程，也可以拓展人生的視野。**與人協調合作、共同完成目標的喜悅，比起獨自完成的喜悅，還要大上好幾倍。**

要是明白這個道理，不妨偶爾放下任性，想想佛教的「同事」，與他人合作看看。箇中好處，你做了就知道。

07 環境是人的共業，僅憑一己之力很難改變

許多人非常懼怕「業」。這是因為在占卜和災禍中，「業」大多用來說明「發生不幸的原因」。不過，在佛教用語中，「業」原本只是單指「行為」而已。總是把不幸的原因歸咎於「業」的人，還請特別留意這個原始用法。

任何事情的發生，都有原因和緣由，這就是「因緣法則」。我們的所作所為，也逃不開因緣法則。過去的行為，影響現在和未來，現在的行為，會對未來造成影響。因此，佛教才會展開業論，主張積極做善事，就會得到善果（開悟）。煽動不安，使人盲從不了解的意志行事，真正的佛教根本沒有教人這麼做。

「業」除了指個人行為的「自業」，還代表命運共同體（同樣生活在日本、生而為男或女、身處資訊化社會和高齡化社會等）的「共業」。

共業中，有一項指環境。翻開《新明解國語辭典》查詢「環境」，解釋是

「圍繞某物的外界（與某物產生關係，並多少給某物帶來影響）」。「都是跟這種人結婚害的」、「都怪我出生在這個時代」等，有些人會怨嘆周圍的環境；「還好孩子很孝順」、「出生在方便的時代真好」，但有些人則是心懷感謝。

環境是人的共業，僅憑一人之力難以改變。舉例來說，日本位處地震帶，又是颱風行經的路徑，但是不能把日本移到別處。面對無法改變的環境，即使自己想要對抗，也無能為力。放棄對抗，順應而為，才是明智的選擇。

不過，針對環境一詞，《大辭林》（按：日本三省堂出版的辭典，為其國內最主要的中型辭典之一）的解釋則是「圍繞著人類和生物，與之相互作用的外界」。破壞自然環境，就是人類造的業，對環境造成影響。轉職、翻修房子，或是改變房間的樣子等，都是自己改變了自身的環境。自己和環境之間，存在交互作用的關係。

因此要先看清，什麼是可以改變的環境？什麼是無法改變的環境？如此，才能好好活下去。

08 行事曆不要排滿滿，留時間放空

我出生於東京最東邊的江戶川區，自認為很了解東京的優點。世界一流的藝術家會來東京公演，各種活動都人潮滿滿，還有很多美術館和博物館。只要有錢有閒有體力，東京就是刺激熱鬧的好地方。

不論行事曆還有多少空白，只要到各處參加活動，就可以填滿所有空格。因此，對於那些從各地到東京參加研習，會待上數週到數月時間的人們，我會請他們好好享受東京的樂趣。

日本節目經常介紹都市地區的文化，影響很多年輕人愛追著潮流跑。

我在大學畢業後的一年期間，曾經到距離東京一百公里遠的都市擔任高中教師。我的學生裡，有人一到週末就跑去原宿購買流行物品，讓其他學生看了羨慕不已；有的學生會用各色原子筆，在厚厚的行事曆上寫下滿滿的行程。彷彿行

事曆上出現空格是種罪惡一般，讓自己忙得團團轉。我在二十五歲以前，也跟他們一樣。

不過，到處去玩、增廣見聞，就好比一直攝取營養，最後只會營養過剩。不斷追求、不斷被追著跑，只是不斷囤積營養，沒有安排消化的時間，根本無法吸收。

我也是一直吸收新知，然後持續寫書。寫書期間，頭腦一直處於運轉狀態。書剛寫完的時候，我根本沒辦法客觀的重讀內容。因此，我會先把寫好的內容，交給其他人過目整理。直到我可以客觀閱讀為止，我會讓自己遠離原稿至少三天。

我們每天的生活，也要設定放空時間，才可以把四處奔走得到的心靈營養，加以消化吸收。吸收完畢後，再轉化成自己的力量運用。

看到自己的行事曆有空欄，就會莫名不安、渾身不對勁的人，不妨在空缺處填上「放空時間」吧。意思是，什麼事都不要做。看到別人的行程滿滿，不必憧憬，也不用覺得忙得團團轉的生活才有價值。

09 不要計較划不划算，買到都是最好的

女兒開始獨立生活，身為好父親的我，決定買微波爐送給她。我們希望買了能夠馬上帶回家，所以決定到實體店面購買。當我到達商店時，女兒已經先行淘汰一番，只剩下兩樣做最後決定。女兒問我：「哪一個好？」我大致了解女兒的房間布置後，馬上買了適合她房間風格，且有庫存的商品。女兒吃驚的說：「爸，您也選太快了吧！」我回答：「搭配就得這樣。」遇到價位、機能都差不多的兩樣物品，投擲錢幣決定也沒差。一旦決定好，就不要再讓不怎麼靈光的腦袋傷腦筋了。這是我的經驗談。

回家後，女兒告訴我，有些人買東西會先到商店看實品，當場用手機查詢哪家的價錢最優惠，再用網路下單。為了買到便宜的商品，完全不考慮商家開店需要營業成本，還得支撐店員生計的心情，對於我這個老派作風的人而言，這樣

的購物方式，我實在是做不到。

觀光地的伴手禮店，每家賣的東西都大同小異。出國旅行時，為了找到便宜的物品，到每家商店調查價格，那是二十多歲的我才會做的事。當時，領隊對我說：「雖然價格有些微的差異，但只要自己買得滿足，就是最好的伴手禮喔！」為了尋找哪間店最優惠，而猶豫不決的我，聽了領隊說「買了就是最好的」，一下就茅塞頓開。

電腦和手機，都是用了數年就會壞的消耗品。我好幾次想買新的電腦和手機，卻想著新的機型快出了，一直猶豫不決。兒子告訴我：「再等下去也是一樣。製造商早就開始製造下一期，或是下下期的產品。想要就去買。再等下去，爸，您就死了喔。」不懂資訊業的我，聽了這番話，也是茅塞頓開。

幸福與否，全憑自己的心。決定買某樣東西，別在意貴或便宜。「買到划算價格了！超幸運！」如果只因為價格高低，心情就受影響，好比在得失的泥沼中掙扎。趕緊從得失的泥沼上岸，別再猶豫哪個比較有利。用寬廣的視野看事物，還有很多幸福等你去發現。

10 怎麼分辨世間善惡？兩百六十個字就可說完

《般若波羅蜜多心經》（按：闡述大乘佛教的空相和般若思想的經典）只有短短兩百六十字，卻講述看透空相的智慧（般若）。告訴我們世間所有一切，會因為不斷聚會的緣，使結果產生變化，所以沒有不變的實體。經文的最後，還告訴我們發動智慧的咒語。

心經中提到的「六不」，就是否定生滅、垢淨、增減的相對概念。

事物產生的瞬間，究竟是何時？我們無法確定。就連構成我們生命的受精，前提也必須有卵子和精子的存在。卵子有受精的可能，需要緣的配合；而製造精子，也需要營養等諸多條件配合，所以「生命究竟起於何時」，我們無法明確定義。滅也是一樣，事物的滅，有時也會引發下一個生，所以沒有不變的滅。

垢淨就是骯髒和潔淨。骯髒與否？潔淨與否？會隨著條件的變化而改變，並非永恆不變。

增減也是一樣。體重的增加，是食物和營養的作用。體重的減少，則是蓄積的能量，轉換成運動和基礎代謝量。兩者之間就像等價交換，所以沒有增減。《般若波羅蜜多心經》告訴我們，這些概念是相對而非絕對，世人卻誤以為彷彿有實體，因而衍生煩惱。六不的比喻，這裡只舉了三項例子。其實，其他像大小、廣狹、凡聖和善惡等，也都沒有不變的實體。

急躁的人，往往想明確分出黑或白（善或惡），因為這樣比較好理解事物。不過，世界上沒有絕對的善，也沒有絕對的惡。做壞事知道反省，可能變成善人；原本以為是善的事，隨著對象、區域和時代的變遷，可能變成惡。

從佛教來看，你做的事如果有利於內心平靜，那就是善事；反之，如果會擾亂內心，那就是惡事。**善或惡，是時間推移的結果，在做的當下，無從判斷究竟是善還是惡。**

人有時很想分出黑或白，但是首先得分清楚，你的判斷也只限於「當下」而已，如此才能以平靜的心過日子。

11 正確答案只有一個的人生很無聊

「對人要親切」、「有錢好辦事」、「同樣的東西，要選便宜的」，我們往往有這些自以為是的認定。遇到任何事，如果都用單一價值觀下判斷，應該可以輕鬆過日子吧。無法說明具體理由時，就用「這件事就是這樣」一句話帶過，這也是生存的智慧。

不過，正確答案不會只有一個。

出於好意的一點親切，有時可能造成對方的大困擾。滿腦子以為「對人要親切」，就不會意識到可能會給對方帶來困擾。有些人甚至責怪對方：「我明明特意待他親切，他怎麼不領情？」

如果一味認為「這個世界，錢最重要」，就無法與人深入交往。滿腦子都是錢的人，為了錢什麼都肯做，所以很難被信任（只用地位和權力衡量一切的人，也一樣）。

我有一位年輕友人，他專門設計手工家具。即使是一個小夾子，或是一片透明文件夾，他都不會到三十九元商店購買，一定會去文具店購買知名品牌的商品。他充滿熱誠的表示，這是向製造物品的人致敬。對他來說，這就是正確答案。他超越「同樣的東西，要選便宜」的消費者心態，做出充滿人性的選擇，這是他認為的正確答案。

「□肉□食」的□裡，正確答案不是只有「弱」和「強」，放入「燒」和「定」也非常適合吧！「名產很美味」，這是一般人認定的正確答案；「名產都不好吃」，這句話否定了「名產很美味」，也是另一個新的正確答案。**拓展正確答案的範圍，也是拓展心靈的寬度**。

到主題樂園遊玩，有些人認為，一定要有效率的把所有遊樂設施都玩一遍才對。不過，這個正確答案，是以「有效率」為前提。如果不追求效率，那就會有別的正確答案。

人生，就好比到主題樂園遊玩，如果只追求一個目的，就受限於一個正確

答案，也只能有一種享受方式。人生的主題樂園，一旦出場，就無法再入場。如果只體驗到單一的享受方式，豈不可惜？

讓心靈更有彈性，不盲從既定觀念，正確答案或許還有很多。

《般若波羅蜜多心經》註釋

觀自在菩薩，行深般若波羅蜜多時，照見五蘊皆空，度一切苦厄。

觀自在菩薩，解說菩薩智慧之道時，指出將「色、受、想、行、識」五蘊都拋開，不被自己主觀意念左右，才能成為菩薩，幫眾生脫離一切的痛苦跟災難。

---

12 了解流行，但不要追著跑

世間所有現象，會因為相繼疊加的有緣和無緣，而不斷產生變化，這就是佛教所說的諸行無常。因此，即使想要執著一件事，也是枉然。

如果受到這些不斷變化的事物影響，內心就無法保持平靜，就像是孩童被帶進巨大的玩具屋一樣。

這個佛教道理，我原本以為也適用於流行。電視、雜誌和網路上，家人看到「正流行」和「當紅」的商品，就飛快跑去買。到了隔年，這些東西已經退流行，被家人丟置一旁，連看一眼都懶，我不禁覺得嘆息。

某次，我聽一位僧侶友人說，他同時購買右派、左派和經濟三種報紙。於是，我問他：「利益優先的經濟報紙，不看比較好吧？」他驚訝的回答我：「要窺見世人的想法，看經濟報紙最清楚。企業開發商品，是以人們的購買需求為前提。因此，企業會廣泛調查眾人的需求。經濟報紙的新商品報導，就是眾生欲望和夢想的縮影，也與我們僧侶息息相關。」

聽了他的說明，我既吃驚，卻又認同。原本對流行毫無興趣的我，也開始關注流行。

流行即使有幕後推手，也是因為具有吸引人心的魅力，才可以引發流行。諸行無常中，流行是反映每個時代人心的明鏡。因此，我在自己日常見聞的範圍內（到廚房倒飲料的時候，會看一下電視的情報節目，或是瀏覽電腦自己跳出來的網路報導），雖然不深入了解，但多少會接觸流行。

「退流行」和「跟不上流行」等字眼，是靠流行賺錢的業界人士用語。不過，**一般人用不著擔心跟不上流行，平常心看待就好。**

從佛教的諸行無常來看，不是告誡我們「不要關心流行」，而是勸我們「不要拚命追著流行跑」。

13 如何放下？先認清自己還放不下

「與其哀嘆已經失去的東西，不如珍惜當下擁有的一切。」這是我的座右銘之一。身邊的人、信賴和物品，失去這些曾經是自己內心一部分的東西，都會產生強烈的失落感。當我想要重新振作時，就會想到這句話。

想要轉換心情，用正向的態度生活，首先得認清自己的內心狀態，先明白「我還有放不下的事，無法清理乾淨、無法下定決心」。想要解決問題，要先知道問題出在哪裡，才可以解決問題。

對失去的東西留戀不已，要如何才可以看開？我覺得，或許可以從改變說話順序開始。我們往往把最在意的東西，放在最後才講。「那個人頭腦很好，但是太傲慢」，這是在批評一個人很傲慢；「那個人雖然傲慢，頭腦卻很靈光」，這是想表示一個人的判斷很清晰。「那傢伙工作做得不錯，但是會喝酒」，聽了這句話，不會想採用他；不過，如果說「雖然會喝酒，但是工作做得不錯」，聽了或許會想錄取他吧。同樣道理，聽話的一方，也會對最後才講的話印象深刻。

另外像是教育孩童時，如果在最後加上誇讚的話語，對方會很高興，更有努力的意願。這也是出於同樣的道理。

面對親人過世的信眾，我會留意他說話的順序。「已經過世的母親，為我做了這樣的事」，如果一開始就說出「已經過世」的事實，代表他是以正面的、已經放下的角度看待亡者。反之，如果他說「我母親做過這樣的事，可是她已經過世了」，把過世的事實放在後面說，表示他的心情還沒有平復。因此，我會請對方談談亡者生前對他如何照顧。遭遇親人死亡，為了儘早度過「不接受」的階段，可以追憶亡者的好。

親人過世、沉溺於悲傷的人，最後往往會說「可是，他已經死了」，接著嘆氣。這就是對亡者死亡的事實，還沒有辦法放下。這也是沒辦法的事。不過，至少還能夠自覺自己「還沒放下」。這個時候，不妨想想「**與其哀嘆已經失去的東西，不如珍惜當下擁有的一切**」這句話。

14 你的不安，多半來自你太想要

很少人會覺得「自己很貪心」。不過，如果覺得自己總是有所求，那不正是貪心嗎？

不斷買東西，渴望與人連結、被關心，期待對方用同等的愛回報自己，想要透過幫助別人來證明自己存在。這些都是貪欲的表現。

人的欲望雖然永無止境，不過，自己該知道適可而止。否則，就好像漂流在海上，不斷喝海水止渴，卻越喝越渴一樣，內心得不到平靜。

衣服每一季只要有七套就好。每年至少要碰面一次的人，五十人足矣。與戀人聯繫，一天只要一次就好。感謝自己的人，只要有三位就好。自我滿足的最低標準，可以預先設定好。

經歷過艱辛和痛苦的人，都懂得不要貪心。生病的人，不求其他，只希望

「健康就好」；煩惱人際關係的人，不奢望更多，只求「家人和樂」。有句話說「吃點苦是好事」，意思就是人要吃過苦，才懂得生活要知足。

另一方面，**貪心的人總是惴惴不安，因為擔心失去已經得到的東西**。收集到十個一組的成套物品，想到如果將來弄丟一個，內心就感到不安，於是又買了一組。對他來說，這是最低標準，所以不算貪心。但是，這已經是一種以不安為本的貪心。

豐臣秀吉很喜歡鶴，所以命人在園中飼養鶴。某天，照顧鶴的人讓鶴逃走了，他向豐臣秀吉道歉請罪時，豐臣秀吉問：「鶴會逃到國外去嗎？」照顧鶴的人回答：「因為是豢養的鶴，應該不會逃到國外去吧。」於是豐臣秀吉回答：「這樣啊。無論牠在日本何處，都是我的籠中鳥。罷了，讓牠去吧。」

有首古歌說：「**放下捨不得和欲望，等於擁有全世界。**」如果能抱持這種想法，就不會貪心，也不會不安了吧！

15 永遠說實話，就不用記得自己說過什麼

有一位外國人，在兩個月前請日本人喝了杯咖啡，今天見面時，日本人卻開口向他道謝：「上次承蒙您請客。」外國人非常吃驚，他不禁懷疑，日本人這麼重禮數，是不是因為記憶力很好？

我在水谷修、水谷信子所寫的《回答外國人疑問的日語筆記》（外国人の疑問に答える日本語ノート）一書裡，看到很棒的回答。

「（在日本）人們會把上次見面接受的好意謹記在心，並表達謝意。（中略）聽到日本人有這種習慣，會以為是不是日本人很介意請客的費用？其實並非如此。比起由誰付錢，日本人只是把上次會面的愉快經驗放在心上。（中略）最重要的原因，是日本人想向對方表示，自己沒有忘記與對方共享的經驗。雙方擁有共同經驗的記憶，有助於彼此建立良好關係。」

「共同的經驗，使兩者建立良好關係」這句話，成為我思考的基準。那就是「**慈悲的根源，在於意識到與對方的共通點**」。

我原本的想法比較像外國人，受人關照的當下，道謝一次就不會一直放在心上。讀了前述解說，使我的想法有很大的轉變。不敢說我因此變得很有禮貌，至少我會努力記住別人對我的好。

我不會一直記著曾經說過的話，但我經常聽到別人說：「你現在說的，跟你之前說的不一樣。」對方似乎把我說過的話記得很清楚。

不過，**人的思考會隨著時間改變**，這就是諸行無常。人的言行本來就不可能永遠不變，我們必須明白這項事實。

美國作家馬克吐溫（Mark Twain）曾留下一句名言：「**永遠說實話，這樣就不必去記你說過什麼。**」

記住別人對我們的好，永遠說實話，那就用不著時時惦記自己說過什麼。這就是輕鬆過日子的祕訣。

16 一個人知不知足？從冰箱就可判斷

每個人使用冰箱的方式都不一樣。常常擔心存貨不足的人，他們的冰箱簡直像博覽會。彷彿在研究東西可以保存多久，或是想要測試保存期限的真實度，讓冰箱變得像是存放貴重研究材料的寶庫（我不是說每個家庭都是這樣，我指的是某個我非常、超級知道詳情的家庭）。放在冰箱裡的東西，已經多到可以做一整週的菜，但是，居然又買了新的東西。不是為了自己，而是為了家人而買，所以也無可奈何。

言歸正傳，跟大家介紹記述釋迦牟尼遺言的《佛遺教經》，經文很短，大約兩千三百多字。其中，有提及寡欲和知足。我想與大家分享我的領會，希望能夠為多欲和不知足的人指點迷津。

寡欲——欲望越深、所求越多，伴隨而來的煩惱也越多。減少欲望、無所求，就沒有痛苦。內心寡欲，不僅是崇高的德性，也蘊含許多善的種子。寡欲的人，不必奉承和討好別人，也不為貪欲所苦。彷彿平靜的水面一般，內心常保清靜，心有餘裕，就不會感到不足。

知足——想要擺脫眾多的苦，要懂得「知足」。人若知足，內心就變成富貴安樂的大庭園。即使睡在地上，也會覺得安樂。懂得知足，即使沒有財產，內心也富足充實。

不懂得知足，即使住在天上的華美宮殿，也不會覺得滿足。不知足的人，即使很富有，也是為色、聲、香、味、觸五欲所苦的可憐人。

雖然說，不懂得寡欲和知足，也不至於會萬劫不復。但是，**只要能夠體會寡欲和知足的好處，更能度過有意義的人生。**

第三章

無壞不顯好，這就是人生

01 遇到不如意，先想「這不是我的錯」

就像電流測試儀的指針會輕輕逆向擺動一樣，許多日常生活的小事，也經常使情緒的指針逆向擺動。

出門時穿上鞋子，卻發現鞋子髒髒的，下意識發出「嘖」的一聲；走路的時候，發現鞋帶鬆了，於是對鞋帶咒罵一聲：「搞什麼鬼！」到了車站，發現電車誤點，看向時鐘的同時，嘴上也碎念著：「不會這麼倒楣吧！」光是一個早上，就發生這麼多不如意的事情。如果用這種心情過日子，就像壞掉的時鐘秒針一樣，情緒不斷往負面發展。

出現負面情緒時，總之要先想到「情緒的指針會逆向擺動，都是因為事情不如己意」。我在這裡寫了「總之」二字，意思是事情發生的當下，不要考慮之後的事，先放下再說。

無論大小事，想要發出嘖嘖聲、咒罵聲，或是不願意接受現實的時候，都要明白這些負面情緒，全部都是因為事情不如己意所致。

接下來，等到心有餘裕了，再告訴自己：「世上的事，本來就不會盡如己意。」**一開始就要自覺「生氣是因為不如己意」，接著想「世事就是如此」，接受事情如此發展，並且放下。**

其實，遇到鞋子髒了、鞋帶鬆了，或是電車誤點的狀況，只要想著不是自己的錯就好。只要想著「不是我的錯」，就能夠接受無能為力的事實，讓逆向的指針歸零。

情緒指針處於逆向狀態，就是磨練自己的時機，趁此機會反省「竟然以為事情可以盡如己意，我真是太天真了」。沒有注意到鞋子髒了，是因為沒有考慮到下次還要穿，自己應該反省改進；鞋帶鬆了，是因為鞋子幫助我好好走路，反而要心存感謝；電車誤點，等於讓自己多了一些喘息時間，如此就能一笑置之。

日常生活中，不如己意的瑣事多如牛毛。大多數可能都是小事，不需要放在心上，只要運用一點小智慧，就可以避免情緒的指針偏到逆向狀態。

02 過去無法改變，但可以抹除回憶

過去就是「過了不復返」。明明已經是過去的事，還是有人會在想起不愉快的過往時，感到糾結苦悶。已經發生的事，就算再怎樣焦躁著急，也不可能改變事實。這就是「過去」的殘酷真理。

人們總會想：「那時候，如果那樣做、這樣做就好了。」不過，已經發生的事，即使再怎麼期望改變前提條件，也不可能實現。這就是「有祈願，卻沒希望」。過去的事實無法改變，但是受到事件引發的負面情緒，可以拂去。

佛教有一種冥想法，稱為「內觀」，可以透過整理內心，使心情獲得平靜。

親子或手足之間吵架，使彼此的關係陷入僵局時，不妨一個人靜下心來，盡可能大量回想父母、孩子或兄弟姊妹對自己的「好」。這樣做，就會意識到「我也有錯」，也有需要反省的地方，使心情變得平靜。

這種冥想法，也可以用於處理過去不愉快的回憶。

現在的你，試著回到發生不愉快事件的當下。已經累積各種經驗的你，會用什麼話安慰或鼓勵過去的自己呢？

「現在的你只能做到這樣，沒關係。現在的你，已經盡了最大的努力。」

「後悔也無濟於事。不過，這次的經驗將變成你的寶貴財產。以後不要再重蹈覆轍就好，繼續前進吧！」

這種手法雖然像是扮家家酒，但透過這種方式，可以將過去不愉快的事件斷捨離。從過去到現在，一直無法忘懷的不愉快回憶，彷彿得到淨化，心靈變得一乾二淨。

過去，不是過了就消失無蹤，它會不斷堆疊、積壓於心。幾百張、幾千張的紙堆下面，有張被染黑的紙（過去的不愉快回憶）。你可以試著一個人靜下心來，把這張染黑的紙，替換成白淨的紙。

03 面對悲傷的五階段理論

面對死亡的現實，人們內心的接受情形為何？精神科醫師伊麗莎白・庫伯勒・羅斯（Elisabeth Kübler-Ross）提出人面對悲傷的「五個階段」理論，對之後的臨終醫療有極大貢獻。

其實，這個理論不只適用於臨終的病人，對於自己患病、親人突然死亡，或是發生想像不到的壞事時，也能夠派上用場。

根據羅斯的五個階段論，當人們剛知道自己患病、可能不久於人世的第一時間，出現的是「否認」的情感。「怎麼會有這種事！」、「騙人的吧！」這是否認疾病發生在自己身上的階段。

下一個階段是「憤怒」。「開什麼玩笑！」這個階段會把忿忿不平的情緒發洩出來。

接下來，則會進入「協商」的階段。「為什麼會變成這樣？」、「如果我這樣做，會變好嗎？」在這個階段，人會開始想要理清前因後果。祈求神佛「能把我治好嗎？」或是求助其他專業，接受不同的醫療方式。

之後就進入「抑鬱、沮喪」的階段。到這個階段，已經知道無論如何都難逃一死，但還是無法接受自己即將死亡的事實。

最後的階段，就是「接受」。接受必定死亡的事實，並且做好覺悟。

被宣告罹患疾病，必須動手術的時候，同樣會經歷這幾個心理的階段性變化。「怎麼可能？」從一開始的否定，到「別開玩笑了，為什麼是我？」的憤怒，再到私下尋找不必動手術的方法，甚至嘗試民俗療法等。直到最後，終於明白只有動手術一途，而陷入一段時間的灰心喪志，最後決定接受手術治療。

這五個階段不見得會按照順序發生。也可能會反覆來回好幾次，直到最後的「接受」為止。發生意外事件時，要知道自己正處於哪個階段，這是最快通往最後階段，坦然接受事實的捷徑。

要看開自己生了病，就是先接受自己生病這件事。想著事情都發生了，也只好坦然接受。接下來，思考要如何與疾病相處、要如何過日子，你才能開始往前邁進。

《般若波羅密多心經》註釋

舍利子！色不異空，空不異色；色即是空，空即是色。受想行識，亦復如是。

舍利子（當時提問的佛陀弟子），人類所處的有形體色界，跟無形體的空界環境都是一樣的，不管有形無形都一視同仁，沒有不同。表面的色蘊並不存在，從色蘊衍生的受蘊、想蘊、行蘊、識蘊，也是如此。

04 講人壞話就像迴力鏢，最後會傷到自己

每當我外出，距離和他人約定的時間，還有一點空閒時，我會到咖啡廳或是複合式餐廳消磨時間。要是我沒有特別想做的事，比如閱讀或是改原稿等，我通常會選在一群客人旁邊就座。因為我喜歡聽人們談話。

但我並不是想要偷聽別人談話。即使我沒特別想聽，他們的聲音也會傳到我的耳中，這也是沒辦法的事。

旁邊傳來的說話聲中，我清楚聽到會話的開頭，就是在說某位不在場人士的壞話。其中一位開始講別人壞話，馬上就有人跟著附和。接下來，其他人為了表示參與其中，也跟著加入講壞話的行列。眾人越講越起勁，聲音也越來越大，周圍的人都聽得到他們的聲音。

從他們的談話中，我知道他們不滿的原因是「明明幫他做了〇〇，但他的

反應真是太奇怪了」。換句話說，就是自己做了什麼事，期望對方有所表示，卻沒有得到回應，所以就講他的壞話。

「明明幫他做了〇〇事，他卻什麼表示都沒有，真令人失望」，這種程度還稱不上講壞話；但是，如果講的是「他這樣真是太奇怪了」，因為本人並不在場，明顯就是講人壞話。

說是「為對方做」，其實也只是強迫別人接受自己的好意吧？但自己卻毫無任何自覺。不直接對當事人講，就在背後講人壞話；不先反省自己的行為是否合理，就逕自批評對方。這種內心狀態，佛教稱為「無明」。

寫到這裡，突然發現，我好像在寫隔壁桌客人的壞話。他們讓我看到自身難以察覺，我內心的無明啊！感謝他們讓我產生重要的體悟，我簡直想幫他們埋單致謝（我還沒這樣做過，等下次吧）。

因為心裡不痛快，就說別人壞話，或是故意挑撥使人失敗，想要把某人拉下臺、扯人後腿等，這種人非常多。**不過，即使把人拉下臺，自己也不一定就能上位吧？反而因為愛講別人壞話，落得聲譽受損的結果。**

講人壞話就像迴力鏢，最後總會傷到自己。扯人後腿也沒有意義。如果有那種閒工夫，不如多磨練自己，並藉此引導經歷尚淺的人。

《般若波羅蜜多心經》註釋

舍利子！是諸法空相，不生不滅、不垢不淨、不增不減。

舍利子，所有的正法、法則，雖不具形體樣貌，卻真實存在。世上沒有永恆的生命，也沒有永遠的消失毀滅；沒有絕對骯髒，也沒有絕對乾淨；沒有絕對增加，也沒有絕對的減少。

05 看清死亡，就能好好活一場

「人死亡的瞬間，真是一下子就結束了。」許多遭遇親屬過世的信眾都這麼說。我也曾經歷過父母和兄長的死亡，即使身體的機能逐漸衰弱，生物從生到死也就一線之隔，死亡只在轉瞬之間。一直以來肉體上、精神上的痛苦，都好像一場夢，一下子就結束了。

任何人都無法事前體驗的、肉體消亡的死，是人生的重大課題。日本邁入高齡化社會，經常談論「終活」（按：「臨終活動」的簡稱，為了迎接人生終點所進行的準備活動）的議題，許多人已經不把死視為忌諱。我覺得這樣很好。思考死亡的議題，就是以死為前提，思考如何生活。從這層意義來看，身邊人的死亡不是忌諱之事，而是寶貴的經驗。

有句話說：「人時候到了就會死。」既然這樣，我們不妨體悟「活著的時

候就好好活著」的道理。「自己如果死了，家人和財產怎麼處理？」與其擔心這些死後的事，不如在活著的時候，做好該做的事。

赤裸誕生於世的我們，只會帶一點遺物，穿著一身白衣到另一個世界。肉體的消亡雖然令人悲傷，卻是人一出生就註定好的，沒有辦法避免。相聚之人，終有一別。會者定離，也是無可避免的世間道理。

我在其他篇也有提到，我相信有死後的世界，所以不恐懼死亡。總是向周圍的人宣揚「人死後，一切就歸於無」的人，死後也只徒留唏噓。辛苦留下的一點財產，也像樂透獎金一樣被分配掉。如果想著「反正都會死」，就不會珍惜生命，無法好好活出自己的人生。

確實看清死亡，好好活一場吧。

06 不想糾結，就弄清楚自己害怕的原因

對一直糾結的人說「不要在意」，他根本做不到。對一直忘不了不愉快回憶的人說「忘了吧！」也是徒勞無功。因為忘不了，所以煩惱；因為很在意，所以覺得困擾。

許多使人糾結的事，都無法簡單解決。那是因為，我們連自己在糾結什麼都搞不清楚。只要清楚自己糾結的原因，就會找到解決問題的方法。

比方說，有些人總是擔心東、擔心西，心中時時充滿不安，但究竟是擔心給別人添麻煩、擔心會辜負他人期待，還是擔心一直這樣下去，老年的生活資金不夠用？如果不弄清楚原因，就會一直糾結下去，無法解決。

不想繼續糾結，就一定要弄清楚不安的真正原因。然後，進一步看清自己究竟在害怕什麼。

擔心給別人添麻煩，追根究柢，是因為貼心替對方著想？還是害怕自己給別人添麻煩，會被人講壞話？如果是前者，只要多說一句「說不定會給您添麻煩」，就足以解決。如果是為了保身，很在意別人的評價，不就凡事都得看別人的評價才做？那樣的話，自己永遠都無法獨當一面。想到這裡，你就會以自立為目標，就算被別人講壞話，也不會再放在心上。

如果擔心是否符合別人的期待，那是因為自信不夠。先把自信放一邊，事情不做怎麼會知道？就當作是測試自己的實力就好。

如果擔心老年的資金不夠，那只能從現在開始調整生活方式，趕緊預備資金。不過，即使沒什麼錢，如果可以找到湊合著過日子的方法也很好。

能夠深究這些問題，並知道如何應對，這就是佛教講的智慧。為了發揮智慧，我會時時省思心中「糾結之事」。用智慧解決內心的糾結，微笑面對人生。

07 為了堅持而堅持，其實是逞強

有句話叫做「堅持就是勝利」。

工作和夫妻相處都需要堅持，才會看到美好風景；創業也是因為長時間的堅持，才會得到周圍的信賴，「承蒙愛用〇〇年」，這句話常用來讚美商品和產品，也向我們證明堅持的力量；書籍的編輯們常說：「比起暢銷，不如長銷。」這些都驗證了「堅持就是勝利」這句話。

也就是說，我們要咬牙忍耐，直到達成目標為止，最後一定會有成果。

不過，如果只想著「一旦開始，就不能停止」，為了堅持而堅持，就會變成無意義的逞強。一旦中途放棄，就會陷入自我厭惡，覺得「我怎麼這麼沒出息」。一味執著於堅持，反而讓自己心煩意亂，簡直是自找煩惱。

因此，**要懂得分辨何時應該放棄堅持**。

以前，我想讓大家從音樂對佛教產生興趣，所以每個月我會選一天，在車站前的展演空間唱誦佛樂。我持續這麼做了十一年，覺得體力已經不堪負荷，而且也找到別人繼續做這件事，於是我就退休了。我知道我的責任已盡。

我和妻子經常意見衝突，婚後三十年間，我學會放棄堅持己見。假使雙方的主張沒有多大差別，我就以妻子的意見為優先。

無論運動或減重，由於意識到自己會太過執著，所以乾脆中途放棄。其實，我自己都覺得難以置信。不過，比起健康的身體，我認為內心的安定更重要。

即使長大成人，許多人仍然對孩提時期學到的「堅持就是勝利」深信不疑，甚至奉為金科玉律。不過，即使繼續堅持，也要看清周圍的狀況，以及自己內心的變化。如果狀況有變，也應該有「放棄堅持的勇氣」。

假如堅持已經讓自己心靈疲乏、抱怨不斷，甚至會胡亂遷怒別人，為了不陷入自我厭棄的窘態，不如果斷放棄，另外找尋新的道路。

08
好心會有好報，這種說法很功利

我曾到某間小學演講。演講前，我在走廊看學生們上道德課。經過三年級的某間教室，看到教室後面有很多家長。我心想，那個老師應該很受歡迎吧。

這時，教室中年紀大約三十多歲的男老師，很大聲的說：「大家為什麼不在那個地方做好？這豈不是很吃虧？」

我不知道上課的內容，也不知道他所說的吃虧是什麼，但是用得失引導人們做事，我無法認同。

雖然我不太了解經濟用語，但我覺得，得失和損益都是經濟用語，不能拿來套用在人的言行和生活方式。

比方說「好心有好報」，對別人的仁慈好意，總有一天會回報到自己身上。不過，這句話如果只從表面上解釋，就是「只要對別人好，總有一天會對自己有利」，最終的目標在於利己。如此一來，人生就太沒意思了。

即使最後的結果有利於自己，但那也不是意料中的結果。我們只要想著能夠幫助別人，或是拯救別人就好。存著這種利他、不求回報之心，人生才會清爽自在。

以自己利益為優先的人，本來就不值得信任。

對傾力相助的人心懷感謝，並向周圍的人說：「那個人把自己擺在第二位來幫我，是我的恩人。」結果，那個人卻在別處沾沾自喜說：「那傢伙能有今天，都是我幫他的。」任誰聽了這種話，都會覺得不爽吧！實際上，還真的有這種低級到不行的人。

這種人，或許在他小時候，周圍的大人都教他「做那種事很吃虧」、「這樣做才有利」，所以才覺得計較利益得失很理所當然。

公司以營利為目的，所以會講求利益得失。不過，把利益得失放在待人處事，這是不對的。我們都應該明白這個道理，不一味計較利益得失，真誠待人。

09

躲不掉的事，就正面迎擊吧！

小學的時候，某一次和朋友玩躲避球，我方隊友全部出局，場上只剩下我一個人。唯一倖存的我，如果被打中就輸了，所以我不能被打到。因此，我開始施展轉來轉去躲避戰術。

敵隊的隊員，似乎無法預測我躲避的規律，所以沒辦法命中我。躲了一陣子後，總算讓我撿到球，救了幾位隊友進場。最後到底是輸是贏，我已經不記得了，只記得我在場中大範圍轉來轉去，竟然都沒被打中，真是令人吃驚。

一九〇〇年代，英國出現一種孩童玩的遊戲，稱作「死球」。後來，這個名字沿用英文的 dodge，意思是躲閃，改稱為「躲避球」，並且升格為一種運動。不過，當時只是小學生的我，根本不知道這些東西，只知道球來就躲。

言歸正傳。當自己的前方，出現某樣恐怖的東西，加速朝自己直線襲來，一定有些人會像我一樣，想著：「到底哪裡可以躲？不能逃避嗎？沒有閃過去的方法嗎？」於是到處東奔西竄。我所謂「某樣恐怖的東西」，就是指自己覺得棘手的事物。比方說疾病、貧困、批評，或是必須承擔責任的工作等。

面對這些棘手的課題，如果只是一味躲避，永遠都不可能戰勝它們。即使想著「我根本不想反擊」，然後逃避，也總會遇到無法逃避的課題。

因為討厭生病，所以吃營養品、保持運動，但還是有生病的時候；因為討厭貧困，所以努力存錢，但是遇到物價上漲、薪水變薄，存款越來越少；即使不愛聽批判，卻管不住別人的嘴巴。需要承擔責任的工作，也總會輪到自己頭上。

想盡辦法，卻還是避無可避時，鼓起勇氣正面全力迎擊，就會闖出一片新天地。與棘手的課題對決，確實需要勇氣，但是這個勇氣，會剝去一部分遮蔽內心的外殼。

任何問題總是逃得了一時，卻逃不了一世。別再逃避，試著剝去隱藏你心的外殼吧。

10 等待是好事，但要設定期限

世上有許多事是不管如何期待，都有既定的時間，時候未到，焦急也無濟於事，像是電鍋煮飯、電車的時間、生日等。

「一開始用小火，中間用大火，寶寶哭了也不掀蓋唷！」即使像這樣對著電鍋唱誦咒語，電鍋還是按照程序煮飯，我們只能等它煮好；即使對車站的工作人員抱怨「開快點！」電車還是按照時刻表開車，我們只能等待電車到站；即使提早慶祝生日，沒有等到生日那天，年紀也不會多長一歲。這些事情，等待的那一刻都會確實到來，我們只能耐心等待。

不過，有些事情即使翹首期盼，也不知道等待的那一刻什麼時候會到來。或是即使等待，狀況也不會有什麼改變。

失望沮喪，不知道心情什麼時候可以恢復明朗，於是陷入憂鬱；生病了，擔心不知何時才能恢復健康；看到別人出人頭地，只有自己還在原地踏步，內心焦急不已。深受打擊時，往往拿不出前進的勇氣，不知道該怎麼往前走，只能想著：「那一刻終究會到來吧？」嘆口氣，繼續默默等待。

正如諺語所說：「只要靜靜等待，好事自然會來」，幸運有時不可強求，所以不要焦急，靜待時機來臨即可。

不過，如果已經等到受不了，不妨採取行動看看。在飯煮好之前，可以先準備其他菜餚；等待電車的時間，可以數一數月臺的導盲磚有幾個圓形凸點；生日來臨前，可以寫下新的一年有什麼抱負。

沮喪時，可以嘗試音樂療法，先聽悲傷、痛苦的歌，再慢慢換成開朗的歌；生病的時候，想想病癒後要做什麼，或思考如果無法痊癒，要怎麼改變生活方式；如果遲遲無法出人頭地，可以制定一些學習計畫，充實自己。

如果打算繼續等待，那就決定等待的期限，看是要等一週還是一年。

與其空等待，不如採取具體行動，一定會改變現況。這個世間隨著「緣起法則」運作，只要有行動，就會產生緣，結果也會跟著改變。

11 愚痴，可以抒發情緒，但改變不了事實

日語的「愚痴」兩字，是佛教用語。愚和痴，都是代表「不明道理，迷惘的狀態」，愚痴兩個字合起來，就是「無法正確認識和判斷事物」的意思。

愚痴，一般用來指無意義的抱怨，或是發牢騷。

我雖然身為追求內心平靜的僧侶，但經常有人找我吐苦水或發牢騷。不過，我並不討厭當情緒垃圾桶。為了了解眾生的煩惱，這也是一種反饋，讓我更知道人生的道理，我非常感激。

這種時候，我會儘早分辨對方是來諮詢意見，還是只是來抱怨。如果是來找我商量，我不問清楚具體的細節，就沒辦法回答。我會好像醫師問診一樣，把事情問清楚。

不過，如果對方是來抱怨，表示他只是想找個人理解他。我會鄭重詢問情

況，最後告訴對方：「你的情況還算好的吧！」大部分的人會回答：「或許是吧。」自己的情況不是特例，只是在吐苦水，當事者再清楚不過。

我是到了將近三十五歲，才了解這個道理。

之後，當自己想抱怨的時候，我會先想一想：「跟別人比起來覺得安心，表示別人更令人同情，那我還算好的吧」、「我在抱怨一些即使抱怨也沒用的事」。想清楚後，我的抱怨就少了大半（根據經驗，如果我獨自坐在寺廟正殿思考這件事，效果會更好）。

遇到非得找人傾訴的時候，我會先跟對方說：「接下來我要發牢騷，最後拜託你說一句：『你的情況還算好的。』」然後，我就盡情大吐苦水。

一旦清楚說了也改變不了事實，就可以除去愚痴的煩惱，不再只是毫無意義的抱怨。

12 討厭就說討厭，開心就說開心

動物都有高興、悲傷、厭惡、無聊、肚子餓和想睡覺的情感。人類雖然有思考能力，但如果只有思考，就像沒有感情的機器。正因為有喜怒哀樂，人生才精彩。不過，人們都想避免產生負面情緒。

感情和思考，是兩個完全不同的詞。不過，有時候正因為人有思考能力，所以才會受到感情擺布。電車遲遲不來，看向時刻表和時鐘，判斷是電車遲到，所以焦急不已。想著這樣做比較好，要是結果令人滿意，那倒還好，一旦結果與預期相反，就會後悔如果沒有這樣做就好了，感到沮喪不已。

一艘艘名為思考的船，航行在人生的汪洋大海，很容易就被感情的波浪和漩渦吞噬。人想要不受感情影響，是不可能的事。就連我自己，也經常被捲入感情的波浪和漩渦，使數千艘智慧的小舟葬身海底。某段時間，我只能任由小舟在海上漂流，然後消失。

經過這些經驗，當波浪變得平靜，或是小舟擺脫浪的糾纏時，我會再去回想當時內心出現的負面浪潮，究竟是怎麼一回事。

我終於了解，我厭惡什麼、我的不快感從何而來。比如說，我討厭被耍得團團轉，無法忍受有人插隊，不敢相信竟然有人這麼沒有公德心、在路邊亂丟垃圾，或是受不了有人可以面不改色說謊等。

對於自己無法容忍的事，或是發怒的臨界點在哪，我有更清楚的認知。看到有人撐著手肘吃飯，或是吃飯發出咀嚼聲，我到現在還是不能接受。此外，一天到晚抱怨個沒完的人，我也是舉手投降。

利用人性的弱點和善良，謀取自己的利益，這種社會上的惡，沒有必要容忍。不過，**如果可以增加自己的包容度，提高發怒的臨界點，就可以延長內心平靜的時間**。這種境界，要承受過感情波浪的摧殘，反省之後才到得了。

誠實面對自己的負面情緒，練習取得智慧和感情的平衡。

13 金錢是維生手段，手段不能成為目的

有句話說：「金錢是天下流轉之物。」針對這句話，很多人都會說：「問題是，大部分轉來的錢，都從自己眼前溜走了。」

金錢很重要。我們的食衣住行，全部都需要錢。也就是說，人生在世，沒有錢不行。撇開自給自足的狩獵和農耕時代，布如果沒有自己織、自己縫，沒有自己狩獵、培育農作物，也沒有自己興建房子，都是拜託別人做，就必須付出金錢做交換。

如果有多出來的錢，可以拿來提升食衣住行的品質，也可以買首飾等喜歡的物品。那多出來的錢，要多少才夠？這要視年齡和生活狀況而定。

有人半開玩笑回答：「錢當然是越多越好。」有人回答一億日圓，有人回答一千萬日圓，有人回答數百萬日圓就足夠。也有人回答，錢夠用就好。

臨終醫療提到的QOL（Quality of life），就是重視病患的生活品質，或許講人生品質更貼切。當死亡來到眼前，醫院會詢問你：「你想如何活著？」

這個答案也是人人各不相同，但這不是談論如何生活這麼簡單，而是探討如何活著的根本課題。活出自己、誠實認真、笑著過日子，這樣的生活方式，金錢不是第一要件。

金錢只是維生的手段。手段不能成為目的。就像車子只是移動的手段，讓車子移動不會成為我們的目的，道理是一樣的。

金錢是工具，如果受金錢驅使，人生品質就會下降。沒有錢，也有沒錢的生活方式，花點心思，還是可以提升人生品質。

道歌（按：宣揚佛教的詩歌）有一段話是這麼講的：「金銀用過就扔是蠢人，食物不吃光存著也是傻瓜。」不要一味追求提高生活品質，生活過得去就好，對金錢的欲望剛好就好。

14 我的隨便鍋配上妻子的認真蓋

「爸爸做事很隨便。」兒子在國中的時候，曾經對我這樣說。於是，我回覆他：「隨便的日語漢字寫成『適当』，意思其實就是恰到好處喔！」

「爸爸又在隨便（按：日語寫作「いい加減」）亂講，又想敷衍對吧？」

「你聽我說。『いい加減』是這樣用的。如果問：『料理的鹹度如何呢？』一般都會回答：『剛好喔（いい加減）！』對吧？意思就是恰到好處啊！」

「算了，敗給爸爸了……。」

對我來說，「適当」和「いい加減」這兩個詞，都不是散漫或是隨便的意思。好比車子的方向盤或是門，都會留點間隙。意思就是留有餘裕，或是好球帶很廣（雖然我這樣解釋，好像有點越描越黑）。

俗話說：「什麼鍋配什麼蓋。」散漫的我，卻遇到正經八百、認真無比的妻子。她喜歡一本正經、井井有條。對於總是正經的妻子，凡事隨興的我也不甚在意，覺得「那就這樣吧」；但是對認真的妻子而言，總是做事隨意、無所謂的我，偶爾會點燃她的怒火。

在我看來，一本正經的人都很堅持「事情應該要如此」，如果不按照規矩（很隨便、沒規律等），就會無法容忍。就算再怎樣要求，別人還是依然故我的話，只會讓自己更加痛苦。

做生意和工作，一定要認真對待。如果隨隨便便，就得不到信賴。不過，**人生如果要活得很認真、要求很多，最好要有痛苦會增加的覺悟**。看到沒規矩、不認真的事就生氣，那怎麼生氣得完？讓無數的憤怒種子發芽的，不是別人，正是自己。

順帶一提，雖然這裡我好像把我的妻子寫得很壞，但是她一點也不壞。我們家能夠維持井井有條、獲得社會的信賴，完全都是她的功勞。

15
「疑心」也是人生一大苦

從佛教來看，「疑心」也是一種煩惱。如果對人起疑心，內心就無法保持平靜；要是對經書的內容心存懷疑，就會離覺悟的境界越遠，越覺得煩惱。

也就是說，內心的平靜源於信賴和信用。我們為了使內心平靜，因此想要相信別人。不過，詐欺師正是利用這項弱點，反過來利用善良的人性。當他們施壓說：「你不相信我嗎？」善良的人就過意不去，說不出「我不相信你」。

但是，很遺憾的，人真的不能相信，背叛的事層出不窮。無論我們多麼信賴一個人，對方還是會因為種種情況產生變化。訂婚時說「我會一輩子愛你」，當下應該是情意真摯。一旦周邊情況轉變，也可能反悔說出：「我那時是真心的，但現在不這麼想了。」

夫妻和朋友之間最重視信賴關係。不過，一旦狀況改變，即使是好朋友，也可能互相背叛。而且，無論是人或環境的狀況，時時刻刻都在改變。這是諸行無常的大原則，我們也只能接受。

如果不相信人心會變，那就要小心了。懷有「好朋友不可能背叛我」的浪漫想法，你就要有所覺悟，當遭遇好朋友背叛的打擊，你才會知道「把那種人當好朋友，我真是愚蠢」。

我在前面提到，只要起疑心，內心就無法保持平靜。正因如此，信用和信賴非常重要。**比起信任對方，應該先讓自己值得信賴**。為了讓自己在狀況有變的情況下也不變卦，能繼續維持彼此的信賴關係，就要學會應對變化。這需要踏實的努力和大量時間。比方說，妻子明明吩咐我：「把晒好的衣服收進來。」我卻常因為太專心寫稿，衣服晾在外面沾到露水，都還沒收進來。所以，我才說這需要踏實的努力和大量的時間啊！

與其懷疑對方值不值得相信，先讓自己值得信賴吧。

16 無法反駁的孩子，內心不是悲傷，而是憤怒

一定有很多人，小時候被爸媽罵過「你為什麼不聽話」吧！「為什麼不聽話」乍聽像是疑問句，其實是要求孩子「要聽話」。

孩子如果回嘴：「那是因為……」，又會被罵：「哪有什麼因為！」孩子只會覺得不知如何是好。而對父母的要求，幼小的孩子根本不知道如何反駁，也沒有反駁的勇氣。

父母怒斥孩子不聽話時，如果回嘴「我就不想〇〇啊！」他們會語帶威脅的丟下一句：「那你以後會怎樣，我就不管了！」孩子自覺需要父母的保護才可以生存，只好聽父母的話。這種父母教養孩子時，不是過度保護，就是全然放任，徒具大人的外表，實際上根本是「欺負弱小的幼稚鬼」。

對於不會反駁，也沒有勇氣反駁的孩童，為什麼要如此疾言厲色？那是因

為要教他們在社會生存的智慧。也就是所謂的「教養」。

不過，這種教養的根本，往往都是站在「父母的立場」。某種程度來說，都是父母強迫孩子配合自己。

我們給孩子的教養，是否勉強他們呢？這是我們應該自我檢討的。**無法反駁的孩子，如果被迫做不願意做的事，他們內心累積的不是悲傷，而是憤怒**。長久下來，他們會處於怒氣無處發洩的狀態。如果放著不管，他們的怒氣就會發洩到其他地方。累積到青春期的怒氣，一旦大爆發，甚至可能導致家庭瓦解。家庭暴力往往由父母傳給孩子，孩子又傳給孫子，也是基於這個原因。

回想一下自己小時候的樣子吧。為了阻斷負面連鎖，聽到孩子辯解「那是因為……」、「可是……」的時候，請一定要好好傾聽。「我知道你想說的是什麼。不過，我不能同意，那是因為……」請拿出耐心解釋給孩子聽。面對孩子的反駁和攻擊，請承受下來。

因為沒耐性，而惹小小孩生氣的父母，才是應該要檢討的那一方。

17 身陷汙泥，如何絢爛綻放？

嘉永（按：日本年號之一，指一八四八年至一八五五年的期間）二年，將近深秋。連結隅田川的柳橋旁，有一間料理茶屋叫做「水熊」。某天，一位三十歲左右的賭徒，來到廚房門口想問老闆娘事情。老闆娘誤以為男子是來勒索錢財，於是把他帶到房間訓斥一番。

男子名為忠太郎，是近江國（按：日本古代地理區域，大約是現今滋賀縣）某間六代相傳旅店的少爺。五歲時，母親受不了父親的花心而離家出走，至今已經二十餘年。不知不覺間，他就變成了地痞流氓。

即使如此，忠太郎仍思念著拋棄自己的母親，想著母親可能過著貧困生活，於是懷中藏著百兩黃金到處流浪，想把錢交給母親。他聽說水熊的老闆娘可能就是他的母親，所以跑來詢問。

兩個人說了很多話，老闆娘訓斥忠太郎：「如果是來找母親，為什麼不改邪歸正再來？」

忠太郎的回答很賺人熱淚：「老闆娘，我謝絕您的好意。責備被父母拋棄的孩子走入歧途，情何以堪。改邪歸正為時已晚啊！我墮入歧途難以抽身，就算想洗白也洗不乾淨，也改不了浪跡天涯的習慣。事到如今，已經無法回頭。」（以上故事情節，為長谷川伸的名作《瞼之母》〔瞼の母〕）

這段話中，忠太郎傾訴自己變成流氓混混，也是身不由己。雖然這段臺詞令人鼻酸，但我每次讀到這裡時，都會想到蓮花的形象。

蓮花從汙泥中伸出莖，開出漂亮的花。它的莖、葉和花，都不會沾上泥濘。佛教之所以重視蓮花，是希望能夠像蓮花一樣，出淤泥而不染。要是把自己遭遇的不如意和不幸，怪罪於他人，就好比蓮花沾上了汙泥。其實，**就算周圍都是汙泥，人也像蓮花一樣，擁有絢爛綻放的能力**。

發生不如意的事，只知道生氣和推卸責任，逃避現實蒙混過去，一旦事情再度發生，還是一樣生氣，又把責任推給別人。

我們要堅強面對不如意，想想出淤泥而不染的蓮花，正視眼前發生的事，開出屬於自己絢爛的花朵吧！

《般若波羅蜜多心經》註釋

是故，空中無色，無受想行識，無眼耳鼻舌身意，無色聲香味觸法。

菩薩以正法救助宇宙眾生，不會受到任何外在因素干擾，也不會因外在因素引發五蘊的困擾，而失去準則。智慧清明，就不受眼、耳、鼻、舌、身、意念六根干擾，從六根所得的視、聽、嗅、味、觸覺，以及意念產生的想法，都不會影響認知判斷。

18 想要到彼岸，就趕緊渡河

日本有一句俗諺：「邊敲石橋，邊過橋。」（按：過石橋時一邊走一邊敲擊石頭，確認橋是否堅固）用來指愛操心的人，也比喻人很有危機意識。

「邊敲石橋，邊過橋」的前提，是一個人想走到橋的另一邊，或是必須過橋。但如果不想到對面，那根本就不必走。

因此，我在這篇文章中想談論，那些明明知道自己想做或必須做，卻遲遲下不定決心，慢吞吞磨蹭的人。有些人會過度操心，直到過橋為止，都在擔心「走這座橋，我會不會掉下去？」

有些比較極端的人，明明敲了橋確認，卻還是無法完全相信，寧願站在橋邊等，看著別人順利過橋才肯走。如果擔心到這種程度，遇到那種看起來很容易斷的藤蔓吊橋，即使看到有人順利過橋，也會覺得輪到自己過橋時藤蔓就會斷，而一輩子都無法到達彼端。

甚至，有些人因為過度擔心，在橋上東敲西敲，反倒把橋敲壞了。如果不要亂敲，也許早就順利過橋了。自己把橋敲壞，還認為「橋果然壞了！」在心裡鬆了一口氣。橋壞了，就無法到達彼端，怎麼會鬆一口氣？在我身邊，有人明明打算結婚（到彼端）所以訂了婚，卻因為婚前焦慮，最後反悔不願意結婚。我所說的，正是這種情況。

想要到彼端，就不要怕東怕西，直接過橋。中途如果橋斷了，就臨機應變，游泳渡岸也可以，或是游回來再想別的方法。

佛教告訴我們，如果想到達彼岸，那就不要猶豫、不要試探，趕緊渡岸。

當然，這是指個人的情況。但如果要帶領其他人過橋，就不能說：「大家趕快過這座橋，就可以到達對面喔！」不能因個人的輕率行動，把其他人都拖下水，而要有明確的危機意識。

19 老想維持現狀，你很難做自己

「現在的自己不是真正的自己，真正的自己一定藏在某處。現在的自己，是從放有幾百顆玻璃珠的箱子，一顆一顆拿出來說：『不是這顆，也不是這顆』的其中一顆。再這樣下去，我就找不到閃閃發亮的『真正的自己』。

「為了尋找真正的自己，我不能維持現狀，做和以前一樣的事。因為，我到目前為止，都還沒有找到真正的自我。

「所以，我打算給自己一些壓力和刺激。就像受到刺激會發光的夜光蟲一樣，我一定會在眾多的玻璃珠中，找到那顆發亮的『真正的自己』。」

有些人是懷著這樣的想法，獨自到四國的八十八座靈場（按：指日本四國島境內，八十八處與弘法大師〔真言宗開山祖師〕有淵源的靈場〔寺院〕）巡禮參拜，以及到日本各地、世界各地旅行。

像這樣的人，我也認識幾位。他們最後都會明白，原來一直尋找的那顆傑出的、閃閃發亮的玻璃珠，根本就不存在。他們用閃亮的眼睛告訴我，**真正的自己，是由很多玻璃珠組成的，自以為是的自己、貪慕虛榮的自己、玻璃心的自己，這些全部合起來，就是「真正的自己」**。

他們不再尋找所謂真正的自我，而是持續朝著夢想前進。這時，搖一搖裝有玻璃珠的箱子，會發現全部的玻璃珠都在發光。

不要盲目的找尋自我，給自己一點壓力，或許就可以發現真正的自己。

曾經有人跟我說：「一個人到處尋找閃閃發光的、真正的自己，是因為還不具備讓自己發光的能力。不努力鍛鍊能力，還一直以為自己懷有特殊才能，所以不斷尋找，感覺很丟臉。」

拚命尋找閃閃發光的玻璃珠，就無法發現你擁有的其他玻璃珠，正發出微弱的光。所以，先好好看一看現在的自己吧！

第四章

一加一只會等於二，這就是斷念

01

「說大話」未必是壞事

言語是把雙面刃，說出口的話一定要做到。一旦宣布「我要做這件事」，就會產生壓力，因而不斷產生動力，直到達成目標。所以說，「說大話」也未必全是壞事。

學生時期，某次放學途中，我的國中同學自信滿滿的與我分享未來的夢想。他說：「將來，我要住在有棕色磁磚的高級公寓。」當時，他家住在透天厝裡。不過，昭和五〇年代（按：指一九七五年至一九八四年）國中生的高級目標，比起透天厝，更嚮往住在鋼筋混凝土的高級公寓。在那個生活逐漸豐裕的年代，大家都想要過得更好。後來，他很高興的向我報告，他在二十幾歲就賣掉透天厝，並與父母一起住進很氣派的高級公寓。

另一方面，某些人卻為了顯示自己很厲害，不惜誇口說大話。有句話說：

「越弱的狗，叫得越大聲。」正是因為沒有實力，才需要虛張聲勢吧！所以才有「紙老虎」的說法，還有《伊索寓言》裡的青蛙媽媽。紙老虎一經風吹雨打，就露出難看的骨架；青蛙媽媽一直脹大肚皮，最後碰的一聲把肚子撐爆。

「虛榮心讓自己痛苦，做符合自己能力的事就好。」這樣想明明很好，有些人卻總愛吹噓：「別看我現在這樣，以前我可是很厲害的！」或是把夢想無法實現的原因歸咎給別人。這些人講起藉口來，個個都是天才。

我說的不是那些退休後，覺得生活沒有意義的長者。許多十幾歲、二十幾歲的年輕人，不顧別人冷淡的目光，也拚命想要別人看重自己，藉此獲得關注。

每個人都有能力讓自己變得更好。一百公尺賽跑的選手，經由一點一滴的努力，確實有可能讓紀錄快〇．〇一秒。因此，選手會設定有難度的目標，這並不是為了誇大自己的能力。放棄虛榮心，先正視真實的自己，再稍微抬高自己一點就好。

02 不要跟人比較！自己就很好

「名取先生，您寫的書好像是給年輕人看的，但是，現在問題比較大的，其實是七十歲以上的長者耶。如果不想辦法幫助這些人，將來辦喪禮時我們也會很辛苦。」

一位自己也超過七十歲的比丘尼，跟我講了這番話。她在社區的文化中心開設講座，很積極的與社區居民互動。

我問她為什麼這麼說，她告訴我，許多七十歲以上的長者，都覺得和別人比較很理所當然。

與別人比較，如果自己比較好就覺得安心，比別人差就覺得很自卑。

「年輕一代的人，從小聽『世界上唯一的花』、『大家都不同，大家都很好』的話長大，對於『比較』這件事不會盲從，所以還好。不過，連我在內的團塊世代（按：指二戰後出生的第一代），以及更早出生的人，由於同世代的人非常多，所以會想透過區別自己和他人，創造自我認同。我們是必須透過比較，才能夠找到自我存在感的可憐族群。」

這位比丘尼不愧是精通佛法的修行者，非常了解與人比較的危險性。

昭和為止的日本教育，就是「槍打出頭鳥」——和別人一樣比較容易生存，這是小島國特有的處世之道。以這種處世之道為基礎，再透過競爭成績和排名，拉高整體水平。全員互相競爭、力爭上游，整體的水平就會提升。

而且，戰後日本的社會氛圍是「明天會更好」，大家都體會到生活品質、水準的全面提升，所以不覺得「比較」有什麼不好。生於那個世代的人（包括我），都是接受偏差值（按：指相對平均值的偏差數值，是日本對學生智能、學力的一項計算公式值，數值以五十為平均值，七十五為最高、二十五為最低）制度的孩子，所以覺得比來比去很理所當然。

不過，**「比較」這種事，如果自己比較好，感到高興，就會傷害到別人；而當自己比較差，就會悲傷，甚至失去自我**。所以，停止比較吧！不需要跟別人比較，自己就很好，有絕對的存在意義和價值。人其實只要能腳踏實地、坦然過生活就好。

《般若波羅蜜多心經》註釋

無眼界，乃至無意識界，

無無明，亦無無明盡，乃至無老死，亦無老死盡。

眼睛所見，沒有永遠不變的，所有一切都在變。看透真理智慧，就不會因無知而困擾；不斷學習，所以智慧永無止境。領悟了前面的道理，就沒有生、老、病、死的痛苦存在，也就脫離輪迴的痛苦。

---

03 比贏的人，比輸的人，都不開心

公司的同輩之間，彼此作為對手切磋琢磨，互有輸贏也互相幫助，不管結果如何，良性競爭的關係最理想。不過，如果同輩拋下自己，先晉升上位，或只有自己出人頭地，總覺得內心五味雜陳，高興不起來。

但另一方面，同學或同年級的學生，由於大家的行業各不相同，彼此間比較不會產生自卑感或焦慮感。因為彼此工作領域不同，可以釋懷。就好比柔道選手與書法老師，兩者無法相提並論。

因此，問題出在「身處同一個領域」。

同年齡的人，就會比較收入多少、有沒有成家、有沒有照顧父母等，什麼都可以拿來比較。這些事情一比就高下立判，如果很愛比較，不是沉浸在優越感裡，就是陷入自卑和畏縮。

公司同輩之間，由於範圍很小，升職與否很常被拿來比較。我身為僧侶，幾乎與出人頭地沾不上邊。不過，我也知道出人頭地需要具備某些條件。比方說，工作能力很好、很受歡迎，要不然就是很會討好主管，或是靠關係升遷等，這些原因我都想像得到。

如果接受不了同輩領先自己晉升上位，很可能陷入自我厭惡，或是嫉妒對方。不過，就算再怎麼無法接受，公司的人事調整都由專門人員做判斷，他們比運動場上的裁判員更有權力，你也只能接受。這時，你能做的只有調整心態，想一想同輩之誼、理想的良性競爭，並為升職後責任加重的同輩加油。如果感覺自己無法真誠祝福，就應該檢討自己的器量太狹小，這樣才能讓自己變得更好。

相反的，如果只有自己晉升上位，也要保持夥伴意識，當同輩遇到問題時，別忘了給他們好建議。成員之間相互依賴，才能成就一個組織。

04 低調卻不張揚，才是真本事

「有本事的人如果自以為是，就會遜掉。」這句話我很喜歡。真正了不起的人，如果一副自以為是的樣子，就變得不討人喜歡。「稻穗越是成熟，頭垂得越低」、「柳樹種得越久，枝條就越垂向地面」，這些諺語告訴我們，謙虛是一種美德。因此，看到「有本事的人如果自以為是，就會遜掉」這句話，不禁莞爾一笑。

諺語告訴我們：「越弱的狗，叫得越大聲。」沒本事的人總愛虛張聲勢。而那些想讓自己看起來更強大、想要獲得別人認同，因此拚命努力的人，有他們的可愛之處。

我們在與人交際時，可以大致清楚對方是什麼樣的人。這與他做了什麼，或是能力如何沒有關係，而是從他的言行，推測他的為人。成功的人，是因為他的努力，而成就現在的他，這可以從他的言行看出端倪。

假使對方都已經看穿自己，再怎樣裝模作樣、自以為是，都沒有用。我們的周邊，應該有很多這類負面教材。但即使如此，我們還是可能犯下這種錯誤，那是因為我們都太想獲得別人的認同。

假裝自己很厲害，或是自以為是的人，都有莫名的自信。不過，就好比《淮南子》裡所說：「夫善游者溺，善騎者墮（對游泳很有自信的人，跑到急流處或是海上游泳，反而溺斃；很會騎馬的人，因為很有自信，所以用危險的方式騎馬，往往落得墜馬受傷的下場）。」過度自信反而招致災禍。

「鼻子高高的天狗面具，從內側看其實都是洞」、「越高的鼻子，越容易斷」，說的都是同樣的事。

不需要高抬鼻子，以真實的樣貌示人，還是能受人看重。人不要自傲，但也不要自卑，放棄裝模作樣和自以為是，真實過日子就好。

05 你以為的安定，最不安定

「放棄『安定』，充滿活力的過日子吧！」看到這句話，你可能內心會排斥：「我才不要呢！」雖說如此，無論古今東西，都逃不過一項大原則，那就是佛教所說的諸行無常，沒有任何事物可以安定不變。

簡單複習一下，世事為什麼無常。

世上所有事物，都是眾多條件（緣）的集合體。結婚三十週年紀念日時，我在家電量販店買了一對太陽能錶，送給妻子當禮物，並告訴妻子：「接下來的時間，我們也一起度過吧！」但孩子們看到了卻說：「這種錶，在你們死了以後，也會繼續運作吧！」當下我們聽了真是百感交集。

如果沒發生什麼事，太陽能錶應該可以穩定運作很長一段時間。問題是，不可能沒任何事發生。

比方說，隨著時間經過的緣，錶殼的金屬、玻璃，以及合成皮革的錶帶，都會慢慢劣化；如果錶遭遇重擊，也會變形或是壞掉；而要是我把錶丟在某處忘了拿，對錶就會少一支，湊不成對了。

社會型態會隨著時代、經濟的改變產生變化。至於人際關係、個人收入和健康狀態，也會因為一些外在因素的緣，導致狀況不斷產生變化。這是我們無能為力的事。

想要祈求安定，就必須不斷應對變化。什麼也不做，一直遊手好閒，是不可能讓生活安定的。

放風箏時，為了要讓風箏繼續飛翔，我們得順應風勢，一邊控制力道，一邊調整線的長度；為了保持菜刀鋒利，使用完就得磨一磨（此外，到了結婚紀念日，如果不表示一下，比方說送對錶當禮物，就無法維持安定的夫妻關係）。

從結果來看，為了維持穩定的狀態，必須在不穩定之前，做出應對。這裡提到的應對，也是一種緣。

佛教主張諸行無常，也是想要勸戒人們，不要以為世事能永恆不變。如果不懂得這個道理，遇到變化就會無法接受，因此陷入痛苦。
放棄求安定的想法，讓我們樂於應對變化，充滿活力的過日子吧！

《般若波羅蜜多心經》註釋
無苦集滅道，無智亦無得，以無所得故，菩提薩埵。
沒有生、老、病、死的輪迴之苦，就不用為了消滅這些苦，去學佛求解脫之道，達到最高的智慧，拋棄執念、不再執著，因此達到覺悟，自然可以成就利他度人、為眾生覺悟的菩薩。

06 覺得別人不認同你？走趟墓園吧

想要獲得關注、想聽到讚美、想被肯定、想成為有用的人。據說在昭和時代，這四項願望如果有一項得到滿足，人就不會想要自我了結。就我自己來說，直到現在，我還是為了實現這四項願望而活。

如果有人說「我讀了您的書」，我會高興到想和他握手；如果有人誇讚我「你的書寫得很好」，我會非常喜悅；「除了您的信眾之外，您也向一般人宣揚佛教呢！」如果有人認同我的努力，我會想擁抱他；如果有人告訴我「讀了您的書，我的心情輕鬆多了」，我就得到繼續寫書的勇氣。

可惜的是，人生不會只有愉快的事。當妻子用著彷彿我很沒存在感的語氣，對我說：「哎呀，你在啊？」我就會變得很沮喪。我總是拚命表現，但要是得不到關心和認同，就會陷入「沒有人懂我」的負面情緒。這種時候，我會選擇到正殿坐一會兒。後來，我想通兩件事。

第一件事，是「我總是覺得沒有人認同我，但我有好好認同過別人嗎？我連把誰放在心上，想超過五分鐘都沒有……」；而第二件，就是「即使沒有人認同我，但是佛祖一直都認同我」。

做事如果沒有獲得認同，有些人會自暴自棄的說：「反正我不在意別人怎麼想。」不過，**真正「不在意別人看法」的人，根本不會在嘴上抱怨，他會默默相信自己，走自己的路。**

如果你很在意別人不認同你，我會建議你到墓園參拜。那些過世的先人們，會鼓勵你和認同你。

在我寺廟裡的墳墓，有不少人前來參拜，他們專注聆聽先人的鼓勵話語，短暫合掌，然後面帶微笑離開。在墳墓前聽到祖先的鼓勵，以及我在正殿面對佛祖時，感受到「被認同」的感覺，都是內在真實的自我，向你傳達訊息。

當你感到煩惱的時候，不妨找一處可以聽見內心聲音的場所，靜下來聆聽。

07 夫妻吵架，連狗都不理

我不跟人爭勝負。雖然我有時候會自我挑戰，但是心中沒有勝負。至於我為什麼不爭勝負，其實是因為我非常好強。

或許有人會想，如果討厭輸，那努力讓自己贏不就好了嗎？不過，只要爭勝負，有人贏，就一定會有人輸。與其說「我想贏」，其實我是「不想輸」。一旦執著於輸贏，就無法自在。從佛教來看，我執著於「不想輸」這件事，也是痛苦的來源，但我就是改不了好強的個性（不過，也是因為這樣，我轉念不爭勝負，因此我們夫妻幾乎不怎麼吵架）。

和家人一起玩撲克牌等輸贏分明的遊戲時，我早就立下三片看板當後盾，內容分別是「雖敗猶勝」、「三十六計走為上策」，以及德川家康的家訓：「只知勝而不知敗，反害其身。」不要笑我堂堂男子漢這麼沒出息，輸了總得找個藉口掩飾一下吧！

阿修羅與印度的神祇帝釋天，曾經陷入永無止境的爭鬥。在印度神話中，如果阿修羅的軍隊占上風，世界就會陷入混亂；而帝釋天的軍隊占優勢時，世界就可以維持和平。

在釋迦牟尼向阿修羅宣揚佛教後，阿修羅竟然說：「我不想再戰了，我放棄。」單方面放棄戰爭，如此一來，這場戰爭就沒有分出勝負。帝釋天遇到前世的釋迦牟尼，知道釋迦牟尼一心悟道，於是成為佛教的守護神，後來，阿修羅也成為守護神。

阿修羅為什麼會成為佛教的守護神，祂的心路歷程我不清楚。不過，大部分的紛爭，只要有一方不要意氣用事、先行讓步的話，很輕易就可以解決。當我了解這點之後，我和妻子吵架的次數變得越來越少。夫妻吵架的理由，與爭勝負一樣，都不是什麼大不了的事。所以自古以來，就有「夫妻吵架，連狗都不理」的說法。

與人爭鬥，贏了就雀躍歡欣，輸了就懊悔不已。無論是贏是輸，內心都無

法保持平靜。對於現在的我來說，「放棄爭鬥」就是把自己的心置於勝負之外，用平靜的心面對生活。

《般若波羅蜜多心經》註釋

依般若波羅蜜多故，心無罣礙；無罣礙故，無有恐怖，遠離顛倒夢想，究竟涅槃。

遵照佛法修得正果，求得彼岸的智慧，心中就不會有任何牽掛跟障礙；沒有任何的牽掛及煩惱，就不會感到畏懼。遠離執著、遠離不合理的行為，而能真正脫離輪迴之苦，達到安樂、圓滿、不再輪迴的境界。

---

08 佛教十善戒，你能做到幾個？

佛教的戒律中，有所謂「十善戒」。除了僧侶必須遵守外，一般的佛教徒也最好要遵守。這裡說的是「最好要遵守」，因為違反戒律不會被處罰，只是要求大家認同戒律，並且自主遵守。

不殺生（不做無謂的殺生）、不偷盜（不偷竊）和不邪淫（避免不當的男女關係），這三戒是約束行為的戒律，相當於維持社會秩序的規範。

不貪（不吝嗇）、不瞋（不發怒）和不痴（不心存邪見），這三戒是約束心念的戒律，以期達到精神安定。

剩下的四戒，則是與說話相關的戒律，說話會顯示一個人的內心狀態，所以也是約束內心的戒律。這四戒，是要人不要隱藏或修飾真正的自己。

不妄語，指的是不說謊。說謊的目的，就是想隱藏真相，而一旦真相被發現，就會失去信用。明知道可能失去信用，卻還是用說謊來掩飾自己。這種用說謊掩飾的事物，幾乎都沒有價值。

不綺語，就是不說漂亮話。把自己明明做不到的事，說的好像自己做得到一樣，這就是想要修飾自己的表現。好比青春期的年輕人，最愛講「我其實做得到，只是沒做而已」。

不惡口，是不說無禮的話。所謂無禮的話，就是威嚇別人時說的粗言惡語。平時正常說話的人，情緒一上來就口出惡言，好比貓為了威嚇敵人，渾身炸毛讓自己看起來變大一樣。因此，這也是一種修飾的表現。

不兩舌，就是不說人壞話。為了讓自己看起來很好（修飾自己），到處挑撥說人壞話，這種人的內心一定無法平靜。

日文裡所謂的「落飾」，指的是身分高貴的人落髮進入佛門。落髮的行為，就是表明捨棄裝飾，決意以自己本來面貌活下去。**我們往往用言語和物品裝飾自己，隱藏真實的自我。如果裝飾很多，不僅要花很多時間維護，總有一天也會失去**。卸去裝飾，呈現自己的本來面貌。讓我們好好磨練真實的自己吧。

09「希望別人懂我」是強人所難

除非對自己很有自信，否則大部分的人，都渴望別人理解自己。

因幡晃（按：日本創作歌手）的〈請諒解〉（わかって下さい）是昭和時代的人氣歌曲，描述女子對已分手的戀人無法忘懷的心情。歌詞提到，女方一直保留二十歲時，男方送給自己的金戒指，並猜想男方是否還留著兩人的黃色情侶對杯。整首歌如泣如訴，非常動人。

不過，這首讓昭和男性感動掉淚的歌曲，到了平成時代（按：一九八九年至二〇一九年，明仁天皇在位期間），卻被我三十幾歲的女性友人打槍。她說：「都分手了，還希望女生對自己念念不忘，只有沒出息的男生才這樣想，這有什麼好感動的？」

對於無法用普通語言表達心意的對象（分手的戀人、亡者、神佛等），把心情寫成詩，或是譜上旋律，這種單純的信仰很可貴。不過，當你說「請你了解我」時，別人就回答「好的，那我就了解你」，世上哪有這麼簡單的事。

對方也有自己的事情要做。如果每天花好幾個小時想著對方，或許會出現心靈相通的情況。但一般沒什麼要事，怎麼可能一整天都在揣測別人的心意。因此，**「希望別人懂我」這種事，本來就很強人所難。有些人的想法更是天真，一邊希望別人了解自己，卻又不想試著去了解別人。這種人的器量太狹小。**

因此，真的希望對方了解自己的想法時，不妨坦白告訴對方：「我已經竭盡全力了」、「我不是為了自己而說，是為了你」、「這件事我無法認同，所以我不想做」。

當然，即使把自己的想法告訴對方，也不能期待對方會了解。因為，對方有他的立場，也有他自己的考量。

想讓對方了解的事，無論有沒有告訴對方，對方都不見得會了解。因此，最好要有「就算對方不了解也沒辦法」的心理準備。

如果還是無法釋懷，就把自己的心情譜成歌，唱一唱發洩一下吧。

10 想得到更多稱讚，評價反而會變差

別人交代工作給你，如果只是敷衍了事，下次別人就不會再想委託你。了解其中利害的人，會回應對方的期待，而努力做到最好。努力之後獲得好結果，你的努力和成果都會獲得肯定。

看到對方為自己努力，多數人會覺得很高興，也會感激表示：「謝謝，承蒙你的幫忙。」

不過，**如果想要得到更多稱讚，你的評價反而會變差**。比方說，期待對方進一步誇獎「你真是了不起」，那就太貪心了。寵物犬渴望主人稱讚，會用身體熱切表達：「快稱讚我！快摸我的頭，說我是乖孩子！」但如果換作是大人這樣做，只會讓人覺得傻眼無比。

託大家的福，至今我已經寫了將近三十本書。每本書我都會提同一件事，

那就是在我們的日常生活中，一定會有一些微不足道的小事，讓你覺得今天真是開心。如果你完全察覺不到，那就是你的感受能力太遲鈍了。

曾經有位讀者寄來感想，他說：「您說的道理我都懂，我也很想做到，但就是很困難。」

身為和尚作家的我，聽了真是不甘心。為了向大家證明我一直都在實踐這件事，我很勤勞的在部落格分享每天發現的小事。

一天的生活當中，我會發現一些暖心的事、令人鼓舞的事，以及讓自己深自檢討的事。我寫的不單是「發生○○的事」，而是記敘那些眼睛所見、耳朵所聽、鼻子所聞、舌頭所嘗，以及身體所接觸的事物，給自己帶來什麼樣的感受。還有，這些感受如何成為自己內心的養分。

我寫部落格，不是為了得到誇讚，只是想跟大家分享，在日常生活中，確實可以感受到許多小確幸。**如果可以察覺到日常的小確幸，就不會再一心渴望獲得別人的稱讚和肯定**。日常生活的事物，讓你產生什麼樣的感受，是否讓你的內心更充盈，不妨多用點心、回頭思考看看。

11 羨慕是好事，嫉妒就是毒藥

「美」這個字，是「羊＋大」得來，也就是形狀美好的大羊。字典解釋「義、善和祥等字，都內含羊的字形，應該是因為在周朝，羊是最重要的家畜」（周朝是漢字飛躍性增加的時代）。

看到美味的羊肉料理，口水直流，因此「羊＋口水」變成「羨」字，意思是羨慕和嫉妒。「好好喔！羊肉料理看起來好美味，我也好想品嘗看看啊！」這個字表示這樣的心情。看到別人擁有比自己好的東西和狀態，自己也很想要得到，或是達到那樣的境界。

類似的表現有嫉妒、眼紅。根據《角川類語新辭典》，我讀到兩種有趣的解釋。編輯者的想法真是與眾不同！

字典裡的「同情」類別，我讀到下列一段文字：「羨慕一詞，單純表示很憧憬，想要達到對方的境界。相對的，嫉妒一詞，雖然認同對方的優點，但卻懷有惡意，暗自期待對方失敗。」

而在「好惡」的欄位，我讀到：「羨慕，表示自己也想達到對方狀態的心情。至於嫉妒，則表示自己想要將對方拉下臺的心情。」

看到別人比自己好的優點，覺得很羨慕，努力想要達到那種狀態。這種羨慕心使人向上，所以不是壞事。

不願意努力，也清楚自己不可能達到那種狀態，於是從一開始的羨慕，後來就變成嫉妒。希望對方失敗，處心積慮想要把對方拉下臺，反而白白糟蹋自己寶貴的人生。

某個落語橋段，就是在嘲弄羨慕的心情。歲末年終時，長屋（按：指一連串相連併排的房屋，可追溯至日本江戶時代，為因應急增的人口而興建）的居民看到有人手提風乾鮭魚走出去，就說：「喂，看看那個，真好啊！都不用自己走，只要像那樣吊掛著就好，我下次投胎，就當風乾鮭魚好了。」我很喜歡這個橋段。

每當我開始覺得羨慕他人時，腦海就會浮現風乾鮭魚的形象。然後，我就會停止羨慕，努力去做自己該做的事。

《般若波羅蜜多心經》註釋

三世諸佛，依般若波羅蜜多故，得阿耨多羅三藐三菩提。

不管是過去、現在成佛、還是未來即將成佛的眾菩薩，都是依照這些佛法修行，求得智慧，得到至高無上的正信正覺。

12 不要後悔之前的決定，你只是繞了一下遠路

「當初如果那樣做就好了……。」有些人容易觸景生情，回想起過去時，內心總是怨嘆不已。

在科幻世界中，經常提到在某個時間點做了某個選擇，於是出現另一個平行世界。雖然科學中有這種假說，不過真的要我們從過去的某個時間點，前往另一個平行世界，以現在來看根本不可能，簡直像在說夢話。

明白夢想不切實際，只是愉快的幻想，那倒是無妨。「當時如果沒有遠離壞朋友，現在我就會吃牢飯」，如果過去的選擇沒有錯，不會執著於過去，偶爾回顧、感嘆一下也沒什麼。

但如果一直心存悔恨，總想著：「當初如果做了別的選擇就好了……。」無法完全放下時，就要用智慧解決。

從經驗上來看，無論對現況滿意與否，人對於平行世界的幻想，只是單純想像做了不同的選擇，會是什麼樣的情況而已吧！就好比問成功人士：「如果您沒有從事目前的職業，現在會做什麼工作呢？」

無論你覺得現在過得幸福與否，如果在過去某個時間點做了別的選擇，你幻想中「不同的現在」是怎樣的呢？比方說「假使與初戀情人結婚了」，你幻想的可能不是與初戀情人如何恩愛生活，而是「喜歡的人一直在身邊，覺得好幸福」。所以，你真正的目標是擁有「幸福的家庭」。擁有穩定的收入、很多朋友和健康的身體等，人們幻想的，都是擁有健全的人生。

既然如此，你應該明白，**正是過去的選擇，才造就了現在的境遇**。為了達到幻想中的健全目標，只要改變現在和往後的生活方式就好。也就是說，**你只要朝著幻想中的終極目標前進就好，前面走的路，都當作是繞遠路**。而假使你對目前的生活沒有特別不滿，你會發現，其實你已經達到目標了。

放下過去，向前邁進吧！

13 人生就像走獨木橋，總得有人先靠邊

人際關係，就好比走在獨木橋上。對面有人走過來，就會撞上，如果沒人願意先退一步、互不相讓，雙方就無法前進。或像是被家人要求早點睡，但如果有不得不做的事，就無法達成，一方面是受擔心的心情影響，另一方面則是事情沒做完，沒辦法睡。

一般來說，職場都是以地位較高的人優先。在家裡，則是以處理家務、掌管家計的人優先。在沒有利害關係的情況下，說話大聲的人就優先。男女之間，則是以女性為優先。

每個人有各自的理由，都希望以自己為優先，所以經常產生衝突。為了避免衝突，只能由一方先行退讓。就像是走獨木橋，一定得有一方先撤回橋的一端才行。

如果橋很短，往回走不用費很多工夫。比方說，家裡誰先洗澡，就是橋很短的狀況。有人說：「我等一下再洗。」另一人說：「那我先洗。」問題就可以輕易解決。晚餐要吃炸豬排還是生魚片？大家意見分歧時，稍微退一步就好：「今天就吃你想吃的炸豬排。」明天再吃生魚片，也沒關係吧！

但是有些人，即使是很短的橋，也絕對堅持要自己優先，簡直任性無比。即使對方善意退讓，他也毫無所覺，還很傲慢的想：「你看看，我才是對的。」連一句感謝的話都沒有。

不過，要是很長的獨木橋，想往回走就麻煩了。很計較利益得失的人，與做事固執的人碰上了，雙方就會互不相讓。幸好那些很長的橋，通常都會設置許多暫時待避區。「不然我暫時往旁邊靠，讓你先過好了。」於是往旁邊移動，讓對方先過。

每個人都有自己的考量，所以不要命令別人「我要過，你閃邊去」。應該站在對方的立場想一想，暫時移到待避區等待。如此一來，走在人生的獨木橋，你也可以從容前行。

14 只想講道理，沒人想聽你！

有句話說：「經驗是無價之寶。」別人的經驗無法變成自己的經驗，自己親身經歷得到的知識和智慧，也是自己獨有。

即使你的人生可能沒有什麼特別經歷，但其實，活著本身就是一種經驗。三歲的孩子有三年的經驗，二十歲就有二十年，五十歲就有五十年，八十歲就有八十年的經驗。從人生體驗中學到的知識和智慧，都藏在內心深處，必要時就會出現，告訴你「這種時候應該這樣做」、「這種時候絕不能這樣做」，協助你順利度過每個新的一天。

因此，有些人看到別人的做法和想法與自己不同，就會想根據自己的經驗，指示對方：「我一向都是這樣做、這樣想，絕對錯不了，你也應該這樣照做。」即使不了解別人的經驗為何，還是想苦口婆心的「給建議」。

問題是**「自己的經驗」只是個人經驗，如果自以為「這個世界就是這樣，這樣做才對」，那就是「上對下」的看法**。以我來說，我說的往往不是自己的經驗，而是傳承至今兩千五百年的佛教教義，因此更輕易脫口而出：「這個世界就是……」、「人就是……」，真的很傷腦筋。

前面說的，都是「上對下」的擁護論。對「上對下」態度感冒的人，不妨想成別人也是好意，要是聽到對方說：「這個世界就是……」，內心馬上自動轉換成「就我個人經驗來說……」。

遇到任何事，如果都用「上對下的角度」分析，一直想講道理給別人聽，就越來越沒人想聽你講話。因為你少了謙虛的德行。

「這件事，我會這樣做，但我不知道是否也適用於你。你是怎麼想的？」當有人詢問意見，如果可以像這樣用「下的角度」回覆就很好。

以我的經驗來說，說話總是一副上對下語氣的人要注意。「這件事應該這樣做」、「該怎麼做你知道吧！」曾有主播說過，這種說話方式就是「對部屬的說話方式」。看來，我們說話得多注意了。

第五章

人生沒有排練，一上場就是真實演出

01 奢侈品能填補空間，卻補不了空虛

二十歲以前，我住在六張榻榻米大的和室。牆壁是傳統的灰泥塗料，木紋的天花板很樸素。一到夜晚，木紋看起來就像眼睛，我彷彿看著孟克的畫作。房間裡有一個壁櫥，照明也是純和風，開關燈都用一條拉繩控制。

二十五歲左右，郊外開了一間平價的北歐家具店。家具的設計保留了原始的木紋，簡單又高雅，讓我驚為天人。我花光我所有的錢，買了椅子、小桌子和垃圾桶。

當我得意洋洋的把新家具搬進房間，卻發現它們與房間格格不入，讓人看了非常不順眼。我只好把和紙的拉門貼上大理石紋的壁紙（貼壁紙時，有空氣跑進去，因此貼得很不平整，看起來慘不忍睹……），還在榻榻米鋪上藍色的人造纖維地毯。一陣胡亂布置後，房間看起來簡直一團糟。別提高雅，根本就是亂

七八糟。由於房間待著實在讓人不自在，後來我就不常待在房間。

因為改變了一部分，為了取得協調，也會想改變別的部分，這種情形很常見。比方說，我的妻子很喜歡買包包，我問她為什麼？她嘛著嘴回答：「並不是我喜歡包包。那是為了搭配不同時間、地點、場合的穿著，一個包包哪夠？」

購買高價物品的人常說：「比較貴的東西用比較久，這樣就是省錢。」不過，買了一樣高價物品，也會想讓其他東西配得上它，這是人之常情。買了想要的家具，也會想買其他日用品做搭配。有些人甚至為了搭配家具，想換新的房間或房子呢！

不過，**不管周圍填滿多少奢侈品，如果生活和心靈很空虛，也是顯得格格不入**（想要了解這種感覺，可以學我改造自己的房間，徹底大改一番最好）。

與其用奢侈的生活和物品滿足心靈，不如擁有一顆簡單的心，即使在一無所有的無人島上生活，也能過得充實自在。

02 盡人事之後，順其自然就好

有時候，做事明明不想拖拖拉拉，想早點結束，卻往往進展得不順利。進行商談等事，一定要有縝密的計畫，會多花點時間也是理所當然。不過，在日常生活中，也有許多讓人焦慮不已的事。

晚餐要吃什麼，如果不先想好，就無法買材料；想結婚，卻找不到結婚對象；明明離婚比較好，卻下不了決心；截稿日期將近，卻寫不出東西。

這種時候，多數人都會建議「順其自然就好」，這真是很有道理的好建議。「有志者事竟成」，在說這句話之前，要知道**世上所有事物，都是順其自然，而且也只能順其自然。凡事只能盡人事、聽天命**。

即使沒想好晚餐要吃什麼，只要到超市去，食材就會發出訊息：「今天就用我做料理吧！」你乖乖照做就好。如果沒感應到任何訊息，那就前往熟食區，貼有降價標籤的料理正等著你。

假使無法找到理想的結婚對象，考慮到自身條件，所謂的「理想伴侶」，還是想想就好。把條件放在彼此可以愉快的互補，合適人選就會變多。如果這樣還是找不到結婚對象，那就順其自然吧。伴侶不一定要登記結婚，彼此作伴過日子，嘗試同居也是一種辦法。即使一輩子都單身過活，這也是「順其自然的結果」，只能看破斷念了。

想離婚，即使考慮到經濟和孩子，遲遲無法下決心，但還是無法容忍伴侶的所作所為，必須各自生活才可以紓解精神壓力，那就只有離婚一途。到了這種地步，就離婚吧。這也是順其自然。

寫稿也是，如果被逼得走投無路，就會擠出字來。或許是因為看開了，想要順其自然，心裡自然就產生餘裕，於是可以繼續寫下去。

盡人事之後，不要著急，順其自然就好。好比老鷹在天空從容飛翔，這種豁然、大氣的生活方式，值得你我學習。

03 想也沒用，不要再想，就當不可思議

「註定」這個詞，雖然不是很常用，但我非常重視這個詞。

我們會有厭惡、悲傷、憤怒、哀傷等負面情感，都是因為遇到不如意的事。如果諸事順遂如意，就不會感到痛苦。不過，世上多的是不如意、不順遂的事情。因此，佛教告訴大家：「**想要減少苦，就要減少自己的期望。**」

期望就好比停在樹上的鳥，鳥太多樹枝就會折斷，最後搞不好整棵樹都會枯死。同樣的道理，如果期望越多，心靈就越趨枯竭，怎麼可能活得開心自在？

佛教的根本教義，是要大家看清「苦就是不如己意」，勸戒大家內心常保平靜。

不過，「不如意」還有另一個重要意思。那就是**世事早已註定**，「**沒有自己期望的餘地**」。

天氣不會因為自己改變，因為早已註定；年紀增長、生病，然後死亡，都是我們的宿命，沒有人力介入的餘地。世間所有，都隨緣（條件）不斷變化，就連諸行無常的大原則，也是早已「註定」，完全與我們的期望無關。

像這種與人的期望無關、早已註定的事，佛教告訴我們：「想也沒用，不要再想，就當作不可思議。」

這個世上，充滿無數的不可思議。其中，與我們最切身的不可思議，就是「出生於世」這件事。我為什麼出生於世，而且生而為我？這個問題，想了也沒有答案。已經出生於世的明確事實，就是想也沒用、已經註定的「不可思議」。

自己的出生，是無法改變的現實和真實，只能既來之則安之。接受自己不可思議的生命，開朗的活下去吧。

04 追求便利，要有「到此為止」的覺悟

與七十歲以上的人談話時，經常會聽到他們說：「現在的生活，真是太過方便了。」一人有一些重要經歷（主要指辛苦、勞動方面），因為社會變得便利，而失去了體驗機會。他們想要表達的，應該是這個意思。

拜汽車所賜，我們不必走路；農產品沒有季節限制，所以無法感受季節的味道；有了電子鍋，我們不再燒柴、用鍋子煮飯。許多長者明明自己也有受到便利的好處，卻在話語中暗酸：「我們以前那麼辛苦，現在的人真是好命。」有時候，我真擔心他們會激動的說：「這些以前沒有的東西，現在也不需要！」

我在這本書中已經多次提到，佛教認為人覺得苦，是因為不如意。**為了減少苦，佛教要我們減少期望；但另一方面，讓期望實現，也可能消除苦。**「便利」一詞，有「符合自己期望」的解釋。因此，**便利確實也是一種消除苦的方**

法。以前的不治之症，現在有藥可醫，甚至是電動椅的發明等，都是毋庸置疑的好事。這個世界，只會變得越來越便利。

不過，追求便利也會衍生弊害。**由於便利的產品不斷研發出來，如果自己沒有「到此為止」的覺悟，一味追求更便利的東西，就必須不斷升級、更換。**

我認識一位年輕友人，他家裡沒有微波爐，想要加熱飲品時，他都用鍋子和小爐子。此外，他也不需要烤吐司機，而是用平底鍋煎吐司。

「只要有火就好。人們都會自動聚集在有火的地方，像是圍爐裏（按：日語為「囲炉裏」。傳統和式住宅中，會在地板挖開一塊四方型空間，並鋪上灰燼，用來燃燒木炭或柴火，可作為暖房或料理用途）或營火。」、「我不需要不鏽鋼鍋，也不需要不沾鍋。有鐵鍋就好。樸素、原始的東西最夠力。」

孩童的玩具也一樣，比起成品，不如玩積木。黏土更好，比積木更有利於開發想像力和思考力。

「總是使用這麼便利的東西，自己會不會變墮落？」經常自我檢討，偶爾也試著拋開「追求更便利」這件事。

05 自以為「正確」，只是你的認為

《新約聖經》記載，善與惡的最終戰場在哈米吉多頓（Armageddon），世界毀滅的末日思想由此而生。先撇開啟示錄的記述，要是能夠了解末日思想的簡單結構，那些認為自己正確卻得不到認同的人，內心應該就不至於陷入黑暗吧。

認為自己正確（相當於「我是神」）↓周圍（世界）不認同我的正確性，也不想知道真理↓周圍的人（世界）錯了↓錯誤的周圍（世界）應該滅亡↓摧毀也無妨。這就是末日思想的基本結構。歷史上，許多邪教就是根據這種武斷又恐怖的思想，而做出許多偏激行為。

我們往往認為自己沒錯、想法很正確。因為有這種信念，日子才能過下去。不過，再怎麼主張自己的正當性，還是會有很多人無法認同。問題就出在這裡。周遭的人不認同我，是他們的錯。**覺得自己才是對的，不認同的人都錯了，**

心裡就會產生厭惡感，而覺得痛苦。

「雖然我覺得自己是對的，但是每個人的價值觀都不一樣，一定會有人不認同。」我們應該這樣想。

身為佛教徒，我希望「無論何時，發生何事，都可以保持內心的平靜」。三十歲以前，我以為世上所有人都這樣想。

後來我才知道，不少人認為內心常保平靜很無趣，每天被喜怒哀樂充滿的人生，才刺激有趣。由於我覺得自己是對的，不禁認為他們的想法很愚蠢。這時，我會意識到內心末日思想的萌生，並告訴自己：「這樣下去，我就會輕視他人，而對他們產生厭惡感。」

自以為正確，卻得不到周圍的認同時，就輕視、厭惡別人，希望我們都別再出現這種行為了。

06 聽到批評，你是反駁派還是發怒派？

一旦被批評，有些人會馬上反駁，或是勃然大怒，有些人則是陷入沮喪。這就是大家常講的「抗壓性低」。

「反駁派」和「發怒派」都是因為情緒激動，而衝口而出「你根本什麼都不懂」或是「你也好不到哪裡去」反擊對方。要是對方不清楚詳細情況，就對你加以批評，他是見樹不見林。其實，你大可不必逐一說明或耐心解釋，期待對方能了解。此外，用「你也好不到哪裡去」反擊對方，不也是五十步笑百步嗎？雙方都只是徒費脣舌罷了。

後來，我變成委屈往內吞的「沮喪派」。一旦被人批評，當下我會自我否定，覺得很受傷。這時我會不自覺想：比起被否定，不如被忽視還比較輕鬆吧？但是，一定要禁得住批評。到了睡覺前，想想「**批評是寶貴的建議**」這句話。

「原來如此，當時的批評也不是全無道理。我也有需要反省的地方。對方不是否定我，而是在提醒我。」過了三天左右，等我想通，心裡就釋懷了。

面對批評和逆耳忠言，該如何消化？根據經驗，我發現一件有趣的事。如果很信任對方，通常可以老實把話聽進去；但如果對方是自己不信任或討厭的人，就會想要反駁。

信任的人批評自己，倒也無妨，但問題往往出在不信任的人批評自己。這件事困擾我很多年，直到年過五十，我終於想到處理的好辦法。

「批評是寶貴的建議。」睡覺前想想這句話，三天過後，我就可以做到不以人廢言，把討厭的人和他說的話分開看待。

「光會出一張嘴批評，真是太不負責任。但如果被自己信任的人這樣講，應該會認同接受。既然如此，我討厭的是說話的人，而不是他說的話。」如此一想，也就釋懷了。覺得被否定陷入沮喪時，我都是用這種方式讓自己恢復心情。

面對批評和逆耳忠言，與其反駁，不如當作是磨練自己的機會！

07 晴天以外，都是「壞天氣」嗎？

日本四季鮮明、自然豐饒，日本人對太陽和月亮極度尊崇，因此把太陽稱為「御太陽」，月亮稱為「御月亮」。米飯和味噌湯等日常食品，也都滿懷敬意加上「御」字。

不過，比較少人注意到「天氣」一詞，往往也會加上「御」字表示重視。包含天氣在內的自然現象，一直以來左右著日本人的生死，所以日本人對大自然充滿敬畏之心。

眾多天氣中，許多人會用「今天天氣真好」形容晴天。翻開字典，可以看到秋晴、五月天晴、晴空萬里、晚晴、雪後天晴等語詞。如同字面所示，這些語詞都是形容內心毫無芥蒂、爽朗，還有非常愉快的意思。

難道說，晴天以外的天氣就是壞天氣嗎？

沒這回事。雖然溫度和溼度多少會對身體造成影響，但如果沉著臉說「真是討厭」，那就太可惜了。所謂「五風十雨」，就是五天刮一次風、十天下一次雨，有利農作物生長，後來延伸為風調雨順、國泰民安的意思。**風和雨，都是上天賜與我們的恩惠**。

人們賦予雨、風和雪許多親近的稱呼，也是因為如此。

喪禮時下的雨，稱作「淚雨」；插秧時節下的梅雨，稱作「取水雨」；富士山封山前後下的雨，稱作「御山洗」（按：富士山每年僅七月至九月初開放登山，因此稱封山前後的雨為御山洗，意指洗去眾多登山者穢氣的雨）。

初春花開時節吹的風，稱作「花信風」；夏季吹拂蓮花的風，稱作「荷風」；秋季陪著雁鳥南飛的風，稱作「雁渡風」；初冬吹起的強風，則稱作「木枯風」。下雪時，彷彿以白粉為景色化妝，稱作「雪化妝」；春天將近，彷彿對冬天戀戀不捨一般，下著「殘雪」；從降雪地吹來的雪，被稱作「風花」。

而「晴耕雨讀」一詞，表示人隨著天氣變化改變作息，並且樂在其中。

如果有所謂的「不如意事項一覽表」，天氣一定會與生老病死齊名並列。

但是，別因為無法掌控的天氣，反而破壞了心情。讓心放晴，無論實際的天氣是晴、雨、雪、風，都樂在其中吧！

《般若波羅蜜多心經》註釋

故知般若波羅蜜多，是大神咒、是大明咒、是無上咒、是無等等咒，能除一切苦，真實不虛。

只有佛法正道，才能修得成為菩薩的智慧，是有極大神力的咒語、是讓自己智慧清明的咒語、是至高無上的咒語、是無與倫比的咒語。現在開始修行學習，就能解脫所有痛苦，是真實而不虛假的。

---

08 期待別人幫，不如自己做

「就算自己不做，也會有人幫我吧？」與家人或室友同住，許多賴皮的想法就會冒出來。像是打掃浴缸、窗戶，還有負責做飯等家務，總有人會毫無責任的想：「應該會有人幫我做吧？」

不過，這樣真的好嗎？事情總得有人做，自己不做，結果當然都是別人做。別人一直幫自己做事，裝作不知道固然可惡；但如果只有感謝，卻不知回報，也等於是表示「我只是拿我該得的，這是我的權利。但我沒有義務為你做事」的態度。不用說，這樣絕對會搞壞人際關係。

有些事情本該由你來做，請為那些替你做事的人想一想。

在我二十五歲時，我的英語會話老師告訴我，美國總統甘迺迪有一句名言：「Ask not what your country can do for you; ask what you can do for your country.」意思是：不要問國家可以為你做什麼，你應該問自己可以為國家做什麼。老師是加州出生的日裔美國人，據說她在英語會話教師的面試，被問及：「妳對公司有什麼期望？」她則借用甘迺迪的話回答：「我沒有想要公司為我做什麼，我只考慮我能為公司做多少貢獻。」於是，她就被錄取了。

有些人很賴皮，他完全不思考自己能夠做什麼，只會嚷嚷著：「我忙得要死，你得幫我吧！」想把事情全部丟給別人。另一方面，聽到別人的要求，會回答：「好，請讓我來」的人，表示他不期待別人幫忙，自己會想辦法完成。

所謂「天無絕人之路」，其實是結果論。要是你從一開始，就期待有人來幫忙，最終根本不會有人想幫你。這個世上，哪有這麼容易的事？

與其把事情攬下來，一味期待有人幫忙，倒不如一開始就不要答應比較好。

自己期待的事，與其寄望別人幫忙，不如自己先做，才心安理得。

09 不知道就說不知道，勇於承認很重要

有一項學校沒有教的道理，在我年過三十歲以後，一直支撐著我的內心。那就是「勇於承認自己不懂的勇氣」。

好講理的我，在青春時代好奇心旺盛，什麼事都要打破砂鍋問到底。就連自己和別人的心思，我也一定要分析一番。其實，就算到了現在，我還是很愛追根究柢。不過，在我二十五歲時，曾參加癌症患者與其家人的討論會，那次經驗帶給我很大的轉變。

當時為了治療和訴訟對策，大家開始傾向告知患者罹癌的事實。不過，癌症在當時還是不治之症，患者被告知罹癌，等於宣告不久將面臨死亡。

那場討論會中，有位參與者既是僧侶也是醫師，他表示：「醫學上對癌症束手無策，如何照護被宣告罹癌的患者，不是醫學的範疇。舒緩疼痛雖然歸屬醫

學領域，但是患者面臨死亡，其內心的照護，是宗教者的任務。否定宗教的社會主義國家和共產主義國家，都無法告知患者罹癌。因為他們沒有安撫人心的宗教者。日本無法告知患者罹癌，其實也是因為沒有安撫人心的宗教者吧。」這番話姑且先不論真實性為何，聽起來還頗有說服力。

討論會中，有患者問醫師：「為什麼我會罹患癌症？」醫師則一副臨床醫師的口吻，斬釘截鐵說：「就算知道原因，癌症也好不了。」而聽到這種單刀直入的回答，同座的老和尚接著說：「**不知道原因，就說『不知道』，勇於承認很重要。**」

「為什麼我出生在這個時代？」、「為什麼我生而為男（女）？」、「人生有什麼意義？」找不到答案的時候，就坦然表示「不知道」吧！坦承自己不知道需要勇氣，但是，**與其糾結想也沒用、煩惱也沒用的事，不如坦然接受現實，接著思考如何應對、該採取什麼行動，才更重要。**

10 不會說好話？那就說實話

偶爾有人誇我「很會說話」。當下我會打哈哈回應：「我不是會說話，只是會說好話而已。」

某次，朋友問我：「要怎麼做才可以像你一樣，在人前這麼會說話？」我訝異的回應：「你在人前無法好好說話嗎？」他搖頭回答：「不能。」我又問他：「那在家人和我面前，也不行嗎？」他回答：「那倒可以。」然後，我就嗆他：「你的意思是說，我和你的家人都不是人嗎？」（像我們這種「會說好話」的人，不能期待我們也會「好好說話」）

說自己不善言詞的人，似乎都誤以為說話有什麼特殊技巧。不過，說話其實並沒有什麼特殊技巧。

「不是這樣的吧。演講的時候，許多人不是都說得很好嗎？例如，懂得說

『承蒙主持人介紹，我就是〇〇〇』，或是『雖然準備得不是很周全，請容我代為說幾句話』等，讓人感覺禮數很足。」或許有人會這樣想，但這其實是典型的誤會。

在主持人介紹後發表演講，又提一次「承蒙主持人介紹……」其實很多餘。明明是很棒的致詞，卻還說「請容我代為說幾句話」，像我這種愛唱反調的人，在臺下聽到這句，真的會很想吐槽：「明明是很棒的致詞，何必說什麼『代為說幾句話』！」這種說話方式看似為對方著想，實際上，只是過於在意對方的想法。其實，只要把自己的想法坦白說出來就好。

有些人的個性很彆扭，收到禮物的時候，甚至還會說：「我又沒說我想要這個。」我打個比方，使勁用力打一下小腿前側，沒人會說「好癢」，都會說「好痛」對吧？這就是實話實說。沒必要在意起承轉合，人品才是說話的根本，是最珍貴的寶貝。**不要太在意別人怎麼想，即使嘴巴有點笨也沒關係，把自己所想如實說出來就好**。

或許有人想，說話坦白難道不會傷到對方嗎？但是，**話語之所以會造成傷**

害，是因為你心裡想的，已經是傷害對方的內容。你只能修養自己的心，使它不要傷害到別人。

《般若波羅蜜多心經》註釋

故說般若波羅蜜多咒，即說咒曰：

揭諦揭諦，波羅揭諦，波羅僧揭諦，菩提薩婆訶。

修行菩薩道的咒語，所要表達的意思就是：揭開面紗看透四聖諦的真貌，拋棄四聖諦帶來的困擾，透澈了解四聖諦，進而拋開，才能真正悟道。

---

11 好好活著，就是報答父母的養育之恩

在《父母恩重難報經》中，有一段描述自孩子有意識起，父母親為孩子所做的事。

「直到兩、三歲，孩子可以自己思考，也會自己走路。不過，如果沒有母親，還不知道什麼時候該吃飯。

「父母被邀請到別人家作客，主人招待餅或肉，父母也不吃，就想著帶回家給孩子享用。十次受邀作客，九次帶點心回來給孩子，孩子就高興。但是，如果有一次忘記帶點心給孩子，孩子就故意大哭，責怪起父母來。

「好不容易孩子長大成人，變得親近朋友，而開始重視儀容、講究穿著。因此，父母寧可自己穿著破舊衣物，也要給孩子穿絹綿的新衣。孩子外出，父母就殷切叮嚀，擔心他生病。他們一直掛心孩子的去處，滿腦子都是孩子的事。」

那段時期的事，我也還記得很清楚。不過，當時的我，只知道把父母給我的一切照單全收，無法察覺他們背後潛藏的心思。

察覺父母的恩情，卻無法盡孝，會讓人覺得自己很不孝吧！有些人有需要照護的父母，卻因為種種原因無法妥善照顧他們，更是會自我苛責。

不過，孩子也有孩子的生活要過。如果孩子生活過得餘裕倒還好，要是經濟拮据，又無法騰出時間照護父母，弄不好可能兩邊都倒下。父母親想必也不樂見這種情況發生。

雖說法律明定員工可以請家庭照顧假，但是適用的範圍仍然有限，所以大家只能根據現況量力而為。面對這種現實，父母和小孩要有共識。

《父母恩重難報經》裡說，**孩子要為父母做善事**，遵循佛教教義潔身自好，**藉此報答父母的養育恩情**。

照顧父母，即使經歷「我只能盡力做到這裡，很對不起」的悔恨，也都是孝行。**好好活著，就是報答父母的養育之恩**。

12 變老很正常，失衡的是你的心

許多長者常說「真不想變老」，千萬不要信以為真，那都是騙人的。年紀變大的好處明明很多，卻選擇視而不見，只會蒐羅一堆缺點，把自己裝得像是希臘悲劇的主角。

「請大家看看悲慘的我。沒有體力、氣力，也沒有錢，垂垂老矣的人生，到底還有什麼意義？雖然有人說：『人生不是那些你沒有完成的事，而是你已經成就的事。』但即使回顧過去，那些成就也已經作古。不斷老去的打擊，連力氣都不如蜉蝣和朝露，等著我的，只有曝屍於地的悲慘命運。」

不只上年紀這件事，任何事情如果只看缺點，都有失公允。其實，這是內心已經失去平衡。**一味為失去的東西哀嘆，就意識不到在失去的同時，其實也獲得了一些東西。**

與友人度過愉快時光的人，了解友情多麼珍貴，正因如此，當人上了年紀，就不輕易背叛。經歷過痛苦、悲傷的事，甚至到了眼淚會沾溼枕頭的程度，上了年紀後，再遇到同樣的事，就可以微笑看待。

「這個祕密我要帶到墳墓去。」原本心裡決定不說的事，上了年紀就可以笑著說出來。

悲傷不會永遠，痛苦也會過去。這些東西，在上了年紀、歷盡滄桑以後，就會逐漸煙消雲散。

對此感到懷疑的人，不妨回想自己小時候曾有過的討厭經歷。事到如今，就好像黑白棋遊戲的黑子，已經轉換成白子一樣，想起來還覺得頗為懷念吧！那是因為，現在的你已經可以冷靜看待過去，看清事物的真貌。

經歷許多經驗，好不容易走到現在，卻還說著：「真不想變老。」不覺得很空虛嗎？

我覺得**變老很好，這是毫無虛假、極其自然的事。**

13 視若無物，方能視生死為無物

太田南畝是江戶後期的狂歌（按：一種以社會諷刺、滑稽為主要內容的五句體詩歌）師，別號蜀山人，他在死前詠了一首歌：「直到現在，都還覺得，死是別人的事，我要死了嗎？無法接受。」

從社會心理學來看，一直以來都聽到第三人稱的死亡，這次竟然輪到第一人稱的死亡時，就可能出現這種誠實的反應。

日常生活中，我們往往把「他人的死」、「親近之人的死」和「自己的死」分開思考。我們每天從報紙、電視新聞聽聞的第三人稱之死；對某些人來說，是第二人稱之死；而對死亡的本人來說，則是第一人稱之死。

曹洞宗（按：佛教禪宗的五個主要流派之一）的始祖道元禪師，在《修證義》的開頭寫下：「明生明死者，佛家一大事因緣也。」**明白何謂生死，不區別**

生和死，我們是浩瀚無垠生命中的存在之一，只要坦蕩活著就好。

我的父親是僧侶，自從罹患肝癌，他感覺死亡就在自己身邊，為了看透死亡，他留下很多話語。

一段題為「來生之歌」的短文，內容如下：

生命不是死亡就終結，在浩瀚無垠的世界裡，任何準備都無用，轉瞬間已是來世。

把「浩瀚的世界」換成「佛的世界」也是一樣。父親是在告訴自己，要順應生命連續的大法則，不要擔心。

另一首題為「密嚴風光」的詩，父親回想以前徹夜玩捉迷藏的時光，比喻死亡就像遊戲結束，回到溫暖的家一樣。

天黑了，在發光的河邊玩捉迷藏，朝日升起，在生命的森林裡玩躲貓貓。

他在「感佛・觀佛筆記」上潦草寫下感言，從萬物沒有實體、空的角度超脫死亡。

心存生死，就否定生死，無視生死，超脫生死。視若無物，方能視生死為無物，自然就無需否定生死。

父親在一九九五年三月二十三日寫下這段話。隔天，他就在家人面前，神采奕奕的宣布：「從今天開始，我要神清氣爽的過生活。」

14 我總是跟信徒說，請帶孩子來掃墓

人死不能復生。就算多麼捨不得，哭泣叫喚也改變不了事實。我們不知道死亡為什麼發生，但它就是發生了。

其實，人一生下來，就開始朝死亡前進。「如果人終會一死，那不如不要出生。」以前的我，會有這種毫無建設性的無聊想法。這種想法，好比吃飽了肚子也還是會餓，那乾脆不要吃；鞋子總會髒，就不必擦乾淨一樣。現在想起來，生命就好像老鼠炮，在原地轉個不停，最後蹦一聲自己爆裂，很是可愛。

人類為了接受和放下死亡，創造許多無法證實的空想和假設，認為除了這個世界以外，還有別的世界（次元）。

它們被稱作淨土、天國、地獄、彼岸、黃泉國、佛的世界或是本來世界。在那些世界裡，神佛和王負責掌管過世的人。而佛壇和墳墓，這些與亡者相關的

場所，是兩個世界的交界，讓彼此得以溝通。

人們各自透過小小的宗教體驗，慢慢建立這些假設。

家中有佛壇，或是會去掃墓的孩子，看到亡者和佛像都會雙手合十。他們的內心，存有「人就算死了，也不會化為虛無」的觀念。所以，我總是跟信眾說：「請帶孩子來掃墓。」

「抱歉，那天我要去掃墓。」為了這個原因而婉拒朋友邀約的年輕人，有一種人性的溫暖。他們珍惜與亡者的緣分，內心往往充盈飽滿。

這樣的人，他們知道人死不能復生，但同時也了解，死亡不是化為虛無。他們知道，死去的人不孤獨，有浩瀚的存在會守護他們，所以覺得安心。這種安心，可以讓人在面臨今世的離別時，減輕喪失的痛苦。

能夠以這種覺悟看待自己以外的死亡，即使某天面臨自己的死亡，也不是虛無的放下，而會有大覺悟。

目送旅人離開後，告訴自己「我也該做好自己的事」，接著坦然邁步前進。這是一樣的道理。

15 心若平靜就是善，心若變亂就是惡！

三十歲、四十歲、五十歲，我的生活應該如何？到了六十歲、七十歲，我又應該是怎樣？人往往對自己的人生有所規畫。有些是客觀推測，有些則是自己的期望。

我認識一位婦人，才結婚五年，丈夫就過世了，她原本規畫的美好人生都成了泡影。而另一位婦人，滿心期待老年可以隨心所欲做喜歡的事，沒想到丈夫卻病倒，她只好每天照護丈夫，她說：「人生不應該是這樣的吧！」

某些人會因為不可抗力的因素，導致人生被迫重新規畫；而有些人的人生，則是因為行為不檢點、過著紙醉金迷的生活，做事又不瞻前顧後，導致走上意料之外的人生。

二十多歲時，我還不信佛。到了三十歲，我開始接觸佛教，內心覺得很喜樂，也覺得宣揚佛教很有意義。直到四十九歲，我開始寫書，這些都是我做夢也想不到的事。將來的日子，一定也會陸續發生預想不到的事。

這些預想不到的事，究竟是好事還是壞事，要遇到了才知道。站在佛教的立場，隨著時間經過，**心如果變平靜就是善**，**心如果變亂就是惡**。即使如此，如果又加上各種緣的影響，情況逆轉的可能性也很大。這就是世事沒有恆常不變，諸事皆空的道理。

看到別人的人生好似一帆風順，心中即使無限羨慕，但又能怎樣？別人的人生，再如何羨慕也不會變成自己的。

想要一帆風順，必須學會順應風勢，改變帆的方向。如果只是一味抱怨、不知變通，最終只會落得帆破、船桅斷折的下場，什麼事都做不了，還無濟於事的抱怨：「這件事不該如此啊！」

我們該如何臨機應變？「**想看繁花盛開，就走上無人小徑**。」內心要保有餘裕和自由，此路不通，那就找別的路走吧！

16 人生跟考試一樣，只求六十分及格就好

人生沒有排練機會，一上場就是真實演出。由於沒有排練，難以預測會發生什麼事；即使能事先預測，事情也不一定就按牌理出牌，所以失敗在所難免。我就是這樣看待自己的人生。

因此，每天都像是考試，測試我至今為止的成果。我們要有心理準備，不一定有好分數。當然，如果可以充分發揮至今所學，那是最好。不過，明確了解自己錯在哪裡、為什麼會錯，才是最重要的。

考試寫對的地方，就是已經懂了，不必再費心學習。**弄清楚現在的自己，哪裡還不懂、哪裡還不會，再針對那些部分學習就好**。

這種面對考試結果的想法，是一位和尚前輩教我的，我們以前都曾加入小學的親師協會，他還當過會長。當時，我已經年過三十。

這種自覺不足的想法，與以悟道為目標的佛教理念相通。要是我在小學或中學就知道這個道理，大概就不會像日本漫畫《哆啦Ａ夢》中的大雄，或是動畫《海螺小姐》中海螺的弟弟鰹一樣，只把分數好的考卷給父母看了吧！而且，也不會拚命隱瞞自己的缺點。

直到現在，我仍然樂於檢討自己的不足。有時候，我還覺得自己的言行和想法，應該要能與佛祖一致。

言行和思考能與佛祖相同，對我來說就是滿分。能夠笑咪咪的對人說一聲「早安」，就是滿分；與共同度過一段時間的人別離時，說完「下次見」，還能再加上「今天很愉快，期待下次再會」，就是滿分。在餐廳用餐結束，在座位上對食材說聲「多謝招待」，而不只是在收銀臺對服務人員說，就是滿分。

因為不是每次都能夠做到，所以是六十分。但我目前也只能做到這樣。剩下的四十分，我想花一輩子去達成。

參考文獻

- 《瞼之母・一本刀土俵入》（瞼の母・一本刀土俵入），長谷川伸著，旺文社文庫。
- 《雨的名字》（雨の名前），高橋順子（文）・佐藤秀明（攝影）著，小學館。

Think 234

斷念の練習

斷念，不是單純放棄，而是願你盡力。勉強不來的事學會不在意，生活才得以繼續積極。

作　　者／名取芳彥
譯　　者／賴詩韻
責任編輯／連珮祺
校對編輯／蕭麗娟
美術編輯／林彥君
副 主 編／馬祥芬
副總編輯／顏惠君
總 編 輯／吳依瑋
發 行 人／徐仲秋
會計助理／李秀娟
會　　計／許鳳雪
版權專員／劉宗德
版權經理／郝麗珍
行銷企劃／徐千晴
業務助理／李秀蕙
業務專員／馬絮盈、留婉茹
業務經理／林裕安
總 經 理／陳絜吾

國家圖書館出版品預行編目（CIP）資料

斷念の練習：斷念，不是單純放棄，而是願你盡力。勉強不來的事學會不在意，生活才得以繼續積極。／名取芳彥著；賴詩韻譯. -- 初版. -- 臺北市：大是文化有限公司，2022.05
240 面； 14.8×21公分. --（Think；234）
譯自：あきらめる練習
ISBN 978-626-7123-12-6（平裝）

1. 密宗　2. 佛教說法

226.935　　111002364

出 版 者／大是文化有限公司
　　　　臺北市 100 衡陽路 7 號 8 樓
　　　　編輯部電話：（02）23757911
　　　　購書相關諮詢請洽：（02）23757911 分機 122
　　　　24小時讀者服務傳真：（02）23756999
　　　　讀者服務E-mail：haom@ms28.hinet.net
郵政劃撥帳號／19983366　戶名／大是文化有限公司

法律顧問／永然聯合法律事務所
香港發行／豐達出版發行有限公司 Rich Publishing & Distribution Ltd
　　　　地址：香港柴灣永泰道 70 號柴灣工業城第 2 期 1805 室
　　　　　　　Unit 1805, Ph.2, Chai Wan Ind City, 70 Wing Tai Rd, Chai Wan, Hong Kong
　　　　電話：21726513　傳真：21724355
　　　　E-mail：cary@subseasy.com.hk

封面設計／孫永芳　內頁排版／江慧雯
印　　刷／緯峰印刷股份有限公司

出版日期／2022 年 5 月初版
定　　價／新臺幣 380 元（缺頁或裝訂錯誤的書，請寄回更換）
I S B N／978-626-7123-12-6
電子書ISBN／9786267123164（PDF）
　　　　　9786267123157（EPUB）